四溟堂松雲大師

松雲大師顕彰会編

海鳥社

四溟堂松雲大師真影　表忠寺蔵

表忠寺　表忠祠

四溟堂松雲大師法衣

表忠寺蔵

四溟堂松雲大師が実際に着用した法衣。韓国表忠寺にて非公開の寺宝として保管されていた。二〇一二年、韓国密陽市立博物館『護国の大聖　四溟堂松雲大師』展で、大師没後、初めて一般に公開された。

四溟堂松雲大師袈裟

表忠寺蔵

四溟堂松雲大師着用の袈裟。法衣と同じく表忠寺にて非公開で保管されていた。二〇一二年、法衣と共に一般公開された。

目次

『四溟堂松雲大師』発刊に寄せて　本山東本願寺法主　大谷光見　12

発刊を祝す　韓国通度寺住持　頂宇　18

ごあいさつ　韓国表忠寺　信徒一同　24

35 松雲大師と徳川家康
——四百年前の日朝国交回復の立役者
京都造形芸術大学客員教授　仲尾宏

101 松雲大師と日真上人、その心の交流
本妙寺住職　池上正示

127 壬乱被虜、日遙上人
久留米大学非常勤講師　余信鎬

146 御礼にかえて
正行寺住職　竹原智明

164 四溟堂松雲大師年譜

「四溟堂松雲大師」の呼称は、日本では「松雲大師」、韓国では「四溟大師」が一般的である。

本書では、各々の筆者が用いる呼称を尊重し、「松雲大師」ならびに「四溟大師」の表記を併用している。

『四溟堂松雲大師』発刊に寄せて

豊臣秀吉の朝鮮出兵の際に、加藤清正の陣地に乗り込み、和平交渉の先鞭をつけ、更には、徳川家康と日本で会見し、被虜者三千名を朝鮮へ連れて帰り、国交の回復に成功した朝鮮の民間人僧侶、四溟堂松雲大師（以下、四溟大師）の没後四百年に、浄土真宗東本願寺派正行寺より、記念誌が発刊されることとなった。

四溟大師について、聞いたことがないという日本人も多いかもしれないが、私の妻で、韓国出身の東本願寺大谷ひでか裏方によると、「四溟大師は、韓国では、歴史の教科書に載る名僧である」ということである。

日本にとって四溟大師は、豊臣秀吉の出兵によって崩れた両国の関係を立て直し、江戸時代三百年の鎖国の間、貴重な世界の情報をもたらした朝鮮との国交を樹立した立役者、恩人にも当たる。

その朝鮮通信使が、江戸での宿所にしていたとされるの

『四溟堂 松雲大師』発刊에 부쳐

豊臣秀吉의 朝鮮 침략 때에、加藤清正의 陣地에 들어가、和平交渉에 대한 물꼬를 트고、더욱이 徳川家康과는 日本에서 会見하여、被虜者 三千名을、朝鮮으로 데리고 돌아와 国交 回復을 成功시킨 朝鮮의 民間人 僧侶、四溟堂 松雲大師（以下、四溟大師）의 没後 四百年에、浄土真宗 東本願寺派 正行寺에서 記念誌가 発刊되게 되었습니다.

四溟大師에 대해 들어본 적도 없는 日本人도 많겠지만、제 妻로 韓国 出身인、東本願寺 오오타니 히데카（大谷ひでか）裏方의 말이、「四溟大師는 韓国에서 歴史 教科書에까지 나오는 名僧이라」고 하였습니다.

日本에서 볼때、四溟大師는、豊臣秀吉의 침략 때문에 망가진 両国 関係를 개선해、江戸時代 三百年 동안 鎖国하던 사이에、貴重한 世界 情報를 가져다 준 朝鮮과의 国交를 樹立하게 만든 공로자、恩人에 해당합니다.

그 朝鮮通信使가、江戸에서 宿所로 사용하던 곳이、現

が、現在、私が法主を勤める本山東本願寺（当時、浅草門跡東本願寺）であるところにも、不可思議な縁を感じる。

現在の東アジアには、まだ、二十世紀のイデオロギー対立からくる冷戦構造の残滓がある。我々が住む東アジアが、これからも安定的に発展し、将来も平和と繁栄を享受するためには、日本と韓国の良好な関係が、強く望まれるところである。と言うのも、日本と韓国は、欧米諸国と同じく、自由を重んじる民主主義国家であり、この二国が共に手を携えて、宗教的にも、政治的にも、更には経済、文化においても、東アジアの未来を明るく照らしていくことが大切だからである。

先日、旧華族の錦江会において、平成陛下と少しお話しさせていただく機会があり、四溟大師のことを申し上げると、日韓の友好と平和についての願いを述べられた。

ここ数年、日本での韓流ブームがある一方、歴史や領土など、両者の認識の齟齬するところが強調されるのが、現

在 제가 法主로 일하고 있는 本山 東本願寺（当時、浅草門跡 東本願寺）인 것은、실로 기묘한 인연이 아닐 수 없습니다.

現在의 동아시아에는、아직도 二十世紀의 이데올로기 対立에서 오는 冷戦構造의 残滓가 있습니다. 우리들이 살고 있는 동아시아가、이후로도 安定的으로 発展하고、将来에도 平和와 繁栄을 享受하기 위해서는、日本과 韓国의 良好한 関係가 절실히 요구된다 하겠습니다. 이러한 것은、日本과 韓国이 欧米諸国과 마찬가지로 自由를 존중하는 民主主義 国家이므로、이 두 나라가 함께 손잡아、宗教的으로도、政治的으로도 더욱이 経済、文化에 있어서도、동아시아의 未来를 밝게 비춰야 할 중대한 사명이 있기 때문입니다.

일전에 旧華族의 모임인 錦江会에서、천황 陛下와 잠시 말씀을 나눌 機会가 있어、四溟大師에 대해 아뢰자、日韓의 友好와 平和에 대한 염원을 말씀해 주셨습니다.

状の日韓関係である。
こういう時代であるからこそ、日韓の平和のために尽くされた仏教僧、四溟大師の活躍が、その没後四百周忌を記念し、日本語の書物として蘇ることは、東アジアの平和と、更なる発展に、一層寄与することとなると確信する。

浄土真宗東本願寺派　本山　東本願寺　法主

大谷光見

최근 数年、日本에서 韓流 붐이 일어나고 있는 한편으로、歴史나 領土 등、両者의 認識에 간격이 있다는 점도 強調되고 있는 것이 現状의 日韓関係입니다.

이러한 時代이기 때문에야 말로 日韓의 平和를 위해 진력했던 仏教僧、四溟大師의 活躍이、그 没後 四百周忌를 記念해 이러한 책자로 되살아 나는 것은、동아시아의 平和와 一層 전진하는 発展에 寄与하는 일이 될 것라고 確信합니다.

浄土真宗 東本願寺派　本山 東本願寺 法主

오오타니 코오켄（大谷光見）사룀

通度寺　金剛戒壇

発刊を祝す

南無阿弥陀仏

四溟大師が日本から壬辰倭乱《じんしんわらん》の被虜《ひりょ》者三千名を連れて朝鮮に還ったことは、日本としては、すべてを評価すべきではないかもしれません。それにも拘らず今回、大師の業績を客観的に調査して、本書を発刊してくださったことに対し、仏弟子として、また韓国民として、まず感謝の言葉を申し上げます。

歴史は、悠々と流れる川のようであります。滔々《とうとう》と流れる波の中に、後継の末孫として、忘れてはならない痕跡を徹底して検証し、記録として残すことに意義を感じております。

四溟大師の高貴な足跡は、韓国の一僧侶が日本の権力者（徳川家康）を訪れ、彼から譲歩を引き出したという点で、韓日双方において評価することができると思います。

さらに、我ら仏教の立場としては、数多の被虜者の生命

발간 축하문

나무아미타불

우선、일본의 입장에서는 사명대사께서 일본에서 조선인 포로 ３０００명을 데려간 것이 좋게 보이는 사건이 아닐 수 있음에도、이번에 사명대사의 행적을 객관적으로 조사하여 책자까지 발간해 주신데 대하여 불자로서、한국 국민으로서 감사의 말씀을 드립니다.

역사는 유유히 흐르는 강물과 같다고 합니다만、도도히 흐르는 물결 가운데 후손들이 잊지 말아야 하는 흔적은 철저히 검증하여 이를 기록으로 남겨두는 것이 도리일 것입니다.

사명대사의 고귀한 발자취는、한국과 일본이 대립하는 입장에서 본다면、한국의 한 승려가 일본의 정치가들을 찾아가 그들로부터 양보를 받아냈다는 점에서、서로 다른 평가를 할 수 있을 것이나、우리 불교의 입장에서 본다면、많은 포로들의 생명을 중히 여기신 사명대사의 뜻과、전쟁을

を重んじた四溟大師の志と、戦争を自制して被虜者を送還するという、もう一つの人間愛を見せた日本の権力者による、人間的勝利を再評価する契機にもなるでしょう。

当時の「抑仏崇儒」の環境下にありながらも、四溟大師は仏家を代表する仏弟子として民族の灯火の役を果たされました。そのことに対して、私は、今日韓国に生を享けた仏弟子として、限りない敬意を感じてきました。

このような私の思いに応え、皆様が日本での四溟大師の足跡に再び光を当ててくださり、日本の歴史の中でも大きい役割を果たしたと再評価してくださったその努力のお蔭で、大師がまた新たなる尊敬の対象になりました。

本書の刊行が、韓国人と日本人の間にある、根強い不信を除去する機縁になるであろうことを、私は確信しています。

皆様は、日本に対抗した韓国人僧侶を、より客観的な立場から再評価してくださいました。韓国人が皆様のこのような真心を受け入れる時、我らは皆、地球人として、世界人として、今までの反目の歴史を超える契機になると思います。

자제하고 포로들을 돌려보냄으로써 또 다른 인간애를 보여준 일본 정치가들의 인간승리를 재평가하는 계기도 될 수 있을 것입니다.

저는 한국을 대표하는 불자로서, 불가를 대표하시던 사명대사께서 억불숭유(抑佛崇儒)하는 조선의 정치 환경에서 민족의 등불 역할을 한데 대하여 무한한 자부심을 느끼고 있습니다.

이러한 저에게, 일본에서 사명대사의 발자취를 재조명해 주시고, 일본의 역사 속에서도 커다란 역할을 한 것으로 재평가해 주신 여러분들의 노력으로 인해 사명대사가 또다른 존경의 대상으로 다가옵니다.

저는 이 책자가 한국인과 일본인들 사이에 뿌리깊은 불신을 제거하는 계기가 될 수 있다고 확신합니다. 여러분들이 일본에 대항하였던 한국인 승려를 보다 객관적인 입장에서 조명해 주시고, 한국인들이 여러분들의 이러한 진심을 받아들일 때, 우리 모두는 하나의 지구인, 세계인으로서 지금까지의 반목을 없애줄 계기를 가지게 될것이기 때문입니다.

最後にもう一度、四溟大師の足跡の研究に苦労された皆様と、本書を発刊してくださった正行寺の竹原ご住職をはじめ、関係者の労苦に感謝します。

仏様の加被《かび》が皆様と共にあることを祈願します。

合掌

仏紀二五五五（西暦二〇一一）年五月

通度寺第二十七代住持　頂宇

다시 한번 사명대사의 발자취를 연구하느라 고생하신 연구진과 이 책자를 발간해 주신 정행사 竹原 주지스님, 또한 정행사 관계자 여러분들의 노고에 감사드리며, 모두에게 부처님의 가피가 함께하시길 기원합니다.

불기 2555(2011)년 5월

통도사 제27대 주지 정우 합장

通度寺

韓国三大本山の一つ。六四六年、新羅の善徳女王の命で慈蔵律師が創建。唐での修行を終え、釈尊の頂骨舎利（頭の骨）と袈裟を持ち帰った慈蔵律師は、通度寺創建の後、それらを金剛戒壇に奉安した。頂骨舎利を本尊とするため、大雄殿（本堂）内には本尊としての仏像が安置されていない。壬辰倭乱・丁酉再乱（文禄・慶長の役）では伽藍が全て焼失したが、その後、四溟堂松雲大師によって復興された。その際、金剛戒壇も再建され現在に至る。

通度寺　金剛戒壇

通度寺　遠景

表忠寺　山門

表忠寺　境内

ごあいさつ

南無三宝

まず、このたびの東日本大震災により、被害を受けられました皆様に、心よりお見舞い申し上げます。皆様方には何卒お身体にご留意の上、一日も早く復旧されますよう心よりお祈り申し上げます。

四溟大師は四百余年前、壬辰倭乱（日本の侵略戦争）から朝鮮の民衆と国を守った護国聖師でいらっしゃいます。僧侶として錫杖《しゃくじょう》を持ち、戦闘に参加し、仏様の言葉で民衆を慰めてくださいました。それのみならず壬辰倭乱が終わった後、朝鮮国王の命令を受け、日本に赴き徳川家康と講和談判をつけ、三千五百余人の朝鮮人被虜を母国に連れ戻す業績を立てられました。

朝鮮通信使の日本訪問も、四溟大師の業績がきっかけで始まりました。また、表忠寺の博物館に所蔵されている、

인사 말씀

삼보에 귀의하옵고、

먼저 이번 동일본 대지진으로 피해를 입은 분들께 심심한 위로의 말씀을 드립니다. 피해자 여러분들이 건강해지고 늘 안전하길 바라며、아무쪼록 하루라도 빨리 복구되기를 진심으로 기원 드립니다.

사명대사는 ４００여 년 전、임진왜란（일본의 침략전쟁）으로부터 조선 민중과 나라를 지킨 호국성사이십니다. 승려로서 석장을 들고 전투에 참가하였고、부처님의 말씀으로 민중을 위로하였습니다. 그 뿐만 아니라、임진왜란이 끝난 뒤 조선 국왕의 명을 받아 일본으로 가、도쿠가와 이에야스와 만나 강화회담을 하고 삼천오백여명의 피로 조선인을 모국으로 데려오는 업적을 세우셨습니다.

조선통신사의 일본방문도 사명대사의 업적을 계기로 시작되었습니다. 또 표충사 호국박물관에 소장되어 있는 유

徳川家康から四溟大師に贈られた様々な遺物を通して、当時の日本の人々が持っていた四溟大師に対する尊敬の心がうかがえます。

これは、四溟大師が示した護国愛民の精神が、国家と時代を超越して現在に生き続け、後世への手本となっている証拠です。

表忠寺では、仏教と儒教の人々が集まって、毎年二回、春と秋に享祀（供物を捧げる祭礼）を行い、四溟大師の護国愛民の精神と高い霊徳を讃えます。

特に、昨年（二〇一〇年）開催された「四溟大師涅槃四百周年享祀」は、正行寺のご住職と信徒の方々が訪問され、それがきっかけとなり、交流を一層深める好機となりました。

今回、正行寺から発刊される本書は、四溟大師の行跡と精神を理解しようと努力する正行寺のご住職と僧侶の方々、信徒の方々の功徳の結果だと思います。

それゆえに、四溟大師の護国聖地である表忠寺のすべての道俗大衆は、本書の発刊を心から喜び、歓迎しております。

물중、사명대사가 도쿠가와 이에야스로부터 받은 다양한 선물을 통해 보면、당시의 일본인들이 사명대사에 대해 가지고 있던 존경의 마음을 느낄 수 있습니다.

이것은 사명대사가 친히 보여주신 호국애민의 정신이 국가와 시대를 초월하여 현재에도 살아 있으며、후세에 모범이 되고 있다는 증거일 입니다.

표충사는 불교와 유교를 믿는 사람들이 모여、매년 ２회、봄과 가을에 향사（제물을 바쳐하는 제례）를 드리며 사명대사의 호국애민정신과 높으신 덕을 기리고 있습니다. 특히 ２０１０년에 개최된 〝사명대사 열반 사백주년 향사〟는 일본의 正行寺 주지스님과 신도님들이 방문해 주셔서、이를 계기로 교류가 한층 더 깊어지는 좋은 기회가 되었습니다.

이번에 正行寺에서 발간되는 이 책은 사명대사의 행적과 정신을 이해하려고 노력하는 正行寺 주지스님과 스님 여러분、신도님들이 세우신 공덕의 결과라고 생각합니다.

그런 연고로、사명대사 호국성지 표충사의 모든 사부

本書の発刊を通じて、四溟大師が成し遂げた平和と韓日間の交流の基盤が、ますます強固なものになるようお祈り申し上げます。

合掌

仏紀二五五五（西暦二〇一一）年五月

四溟大師護国聖地　表忠寺　信徒一同

表忠寺

八二九年、新羅の興徳王による建立。当初は竹林寺という寺号であったが、四溟堂松雲大師を称《たた》え、後に表忠寺と寺号が改められた。山々に囲まれた雄大な境内には、仏教と儒教とが共存する特色がある。

대중이 이 책의 발간을 진심으로 기쁘게 환영하는 바입니다. 이 책의 발간을 통해 사명대사가 이룩하신 평화와、 한일 교류의 기반이 더욱 공고히 되도록 기원합니다.

불기 2555(2011)년 5월

사명대사 호국성지 표충사 신도일동　합장

表忠寺 遠景

表忠祠

表忠寺境内にある儒式の祠堂。内部には、四溟堂松雲大師をはじめ、師である西山大師、兄弟弟子の騎虚大師の真影が掲げられ、それぞれの位牌が祀られている。

四溟大師涅槃四百周年享祀

表忠寺で春と秋に行われる四溟堂松雲大師の享祀の模様。表忠祠に対して右側に仏教関係者、左側に儒教関係者が座す。仏式、儒式それぞれに大師の遺徳を供養する。

儒教徒による享祀の模様

仏教徒による享祀の模様

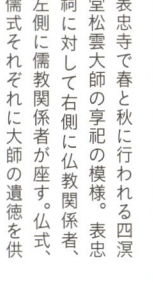

表忠寺　大光殿

佛日增輝法輪常轉

表忠寺の勤行

松雲大師と徳川家康

四百年前の日朝国交回復の立役者

仲尾　宏

四溟堂松雲大師真影　表忠寺蔵

◆はじめに

今日は、松雲大師についての話ですが、この人については、皆さん初めて聞いたという方ばかりだと思います。

そこで今日は、そのイントロダクションとして、どうしてこの人が現代においても大切な人なのかということを、皆さんにお話ししたいと思います。

◆起こしてはならない人災――戦争

まず、「日朝国交回復」について、お話しします。

現在、朝鮮半島では、南が大韓民国、北は朝鮮民主主義人民共和国という国号です。

今、日本は韓国としか国交を結んでいませんから、韓国という言い方がテレビなどのマスコミでも飛び交っています。

「韓」というのは、「大きな」とか「偉大な」という意味を表しています。

「朝鮮」というのは、「朝が鮮やか」という意味です。

このように、「韓」も「朝鮮」も、どちらも非常に良い意味で、朝鮮半島に住む民族が、自分たちの民族名、あるいは国の名前として、古代から使ってきました。

一方、日本において「韓国」という名が使われたのは、古代の「三韓」は別として、日本が朝鮮半島を植民地支配する前の「大韓帝国」の時代と、一九四八年の大韓民国の成立以降です。

それまでは室町時代から江戸時代を通じて近代の始めまで「朝鮮」という国号でした。

今からお話しする松雲大師は、朝鮮王朝時代の人ですから、今日は「朝鮮」、あるいは、「日朝国交回復」という言い方で通します。

松雲大師は、なぜ現代においても大切な人なのでしょうか。

今年、二〇一一年三月、東日本大震災が発生し、原発事故も起こりました。

地震や津波は自然災害で、その威力の前では人間は為すところを知りません。こうしたことは、歴史の中で度々起こってきました。

しかし、原発事故は、自然災害ではなく、人災と言うべきでしょう。

原発の中心は、核分裂というまだ完成していない技術ですが、それをあたかも完成したものであるかのようにして、原発を作り続けてきたからです。

その原発事故よりも、もっと避けねばならない、また避けることができる人災があります。

それは戦争です。戦争は、人間が起こした、あるいは起こるように仕向けていったものです。

日本と朝鮮半島は非常に距離が近く、対馬と釜山の間はわずか五〇キロです。また、今では、ソウルまで一時間あまりで行くことができます。

このように距離が近いため、時には両国の間で問題が起こっていた面もあります。

なかでも、近代の日本による植民地支配や、約四百年前に起こった豊臣秀吉による侵略戦争などは、人災の極致でしょう。

秀吉による戦争は、日本では当時の年号を使って「文禄・慶長の役」と呼んでいますが、朝鮮ではこの時の干支《えと》をとって「壬辰《じんしん》倭乱・丁酉《ていゆう》再乱」と呼ばれています。

この戦争が起こってしまったのは、一五九二年のことです。

この戦争には、何の名分もありませんでした。領土問題でもめて、止むなく戦争になったわけではありませんし、漁業問題がこじれにこじれて兵を出したわけでもありません。

秀吉は、「自分は中国の明まで攻めるから、朝鮮はその道を貸せ」と言い出し、朝鮮側がこれを拒否すると、加藤清正と小西行長、二人の総大将を先鋒として、二度、十五万、十四万という大軍を差し向けました。その結果、数百万の人命が失われ、朝鮮の山野は荒れ果てました。

これは人災としか言いようがありません。このような人災をどのように解決していくか。どのように新しい平和の時代を築いていくか。その時こそ、人間の知恵が試されます。

人間として最大の知恵を絞り、命をかけて闘った人が、この松雲大師なのです。

松雲大師は、日本に来た時に色々な人に頼まれて書を書き、その時に「松雲《ソンウン》」と記したので、日本では、主に松雲《しょううん》大師と呼ばれてきました。

四溟というのは別号です。四溟堂《サミョンダン》という号を別号として使っていました。

さらに惟政《ユジョン》という諡《おくりな》があり、俗名でもありました。ですから、日本では、松雲大師惟政という言い方が一般的です。

その松雲大師の相手として、日本側の立場をまとめ、最終的に後の平和な二百数十年を築きあげたのが、徳川家康です。

◆現代に顕彰される松雲大師

韓国慶尚南道の表忠寺《ピョチュンサ》には松雲大師の真影があります。ひげを大変長く伸ばしておられるのが特徴です。

徳川家康像
大阪城天守閣蔵

四溟堂松雲大師真影
表忠寺蔵

表忠寺は、仏教のお寺であると同時に儒教の勉強、学問もできるという、儒仏共存の珍しいお寺です。儒式の松雲大師の位牌が置かれていて、位牌のある建物の左側には、儒式の書院があります。

密陽《ミリャン》市にある弘済寺《ホンジェサ》の境内には、表忠碑があります。

表忠というのは、人に対して忠義を尽くすという意味です。

この表忠碑は、松雲大師の功績を讃えた碑ですが、韓国、朝鮮に大きな国難があると、この碑が「汗をかく」と言われています。いまは科学的な原因も証明されているのですが、大きな国難の時に、石碑の表面に水滴がたれることが何度かあったので、「この碑には、朝鮮を救った松雲大師の思いが込められている」というように尊敬され、今は、表忠碑閣という建物の中に祀られています。

四溟堂松雲大師位牌
表忠寺蔵

表忠碑
弘済寺
韓国慶尚南道密陽市

表忠碑閣
弘済寺

◆壬辰倭乱と義僧兵

松雲大師は、一五四四年、密陽という町の近くで生まれました。復元された生家の様子を現在でも見ることができます。

松雲大師は長ずるに従って、学者になろうとしました。七歳の頃からは、儒学の勉強をお祖父さんに習っています。

子どもながらに、一所懸命勉強しました。しかし、「学問では、世の中を渡ることはできたとしても、人の煩悩、心の悩みは解消できないのではないか。それにはやはり宗教が必要ではないか」と思い立ち、黄岳山《ファンアクサン》直指寺《ヂクジサ》に入門しました。

それから後、いくつかのお寺を移りますが、松雲大師の最大の転機は、一五七五年、三十二歳の時、妙香山《ミョヒャンサン》に行き、そこで西山《ソサン》大師《テサ》休静《ヒュジョン》の弟子になったことでした。

妙香山は、今の北朝鮮の平壌の少し北にあります。そのお寺で、西山大師に出会います。そして、この人の下

四溟堂松雲大師生家
韓国慶尚南道密陽市

直指寺
韓国慶尚北道金泉市

新羅時代(四一八年)創建。千六百年の歴史を誇り、現在でも僧侶の修行寺院として有名。「現世仏」と呼ばれる一千の仏像が奉安されている。

弘済寺　表忠碑

弘済寺　表忠碑閣

で三年間苦行したあげく、正法を大悟します。

西山大師は、当時の朝鮮仏教界の第一人者であり、人格高潔な人物でした。この人の下で悟りを開けたことが、松雲大師の後半生を決定付けました。その後も、松雲大師は各地で修行を続けました。

一五九二年、松雲大師が四十九歳の時に、壬辰倭乱（文禄の役）が始まりました。

加藤清正は、釜山に上陸した後、朝鮮半島北部、今の中国東北部の兀良哈《オランカイ》まで進軍します。

小西行長は、漢城《ハンソン》（現在のソウル）から平壌《ピョンヤン》まで進軍し、一旦は、平壌を制圧します。

その時、松雲大師は、侵入してきた日本軍と闘ってこれを撃退し、「無用な占領をやめよ」という説得をして、朝鮮半島の東側、江原道の人々を救ったと伝えられています。

そうこうしている内に、朝鮮の朝廷から民衆に対して、「日本軍に対して、武器をもって戦うように」という檄文

西山大師真影
表忠寺蔵
壬辰倭乱当時、朝鮮仏教界の第一人者であった西山大師休静は、護国の軍を起こす勅命を受け、七十三歳の高齢にもかかわらず、全国の寺院に檄文を発して義僧軍をまとめ上げた。一六〇四年、八十五歳で入寂。

加藤清正像
本妙寺蔵
尾張の鍛冶屋の家に生まれた清正は、小姓として秀吉に仕え、所々の戦で多くの戦闘に係わった。秀吉が関白に就任すると、やがて肥後北半国を与えられ、熊本城を居城とした。朝鮮出兵でも重要な役割を担い、関ヶ原の戦い以後は小西旧領も加えて、肥後五十二万石の大名となった。一六一一年、五十歳で死去。

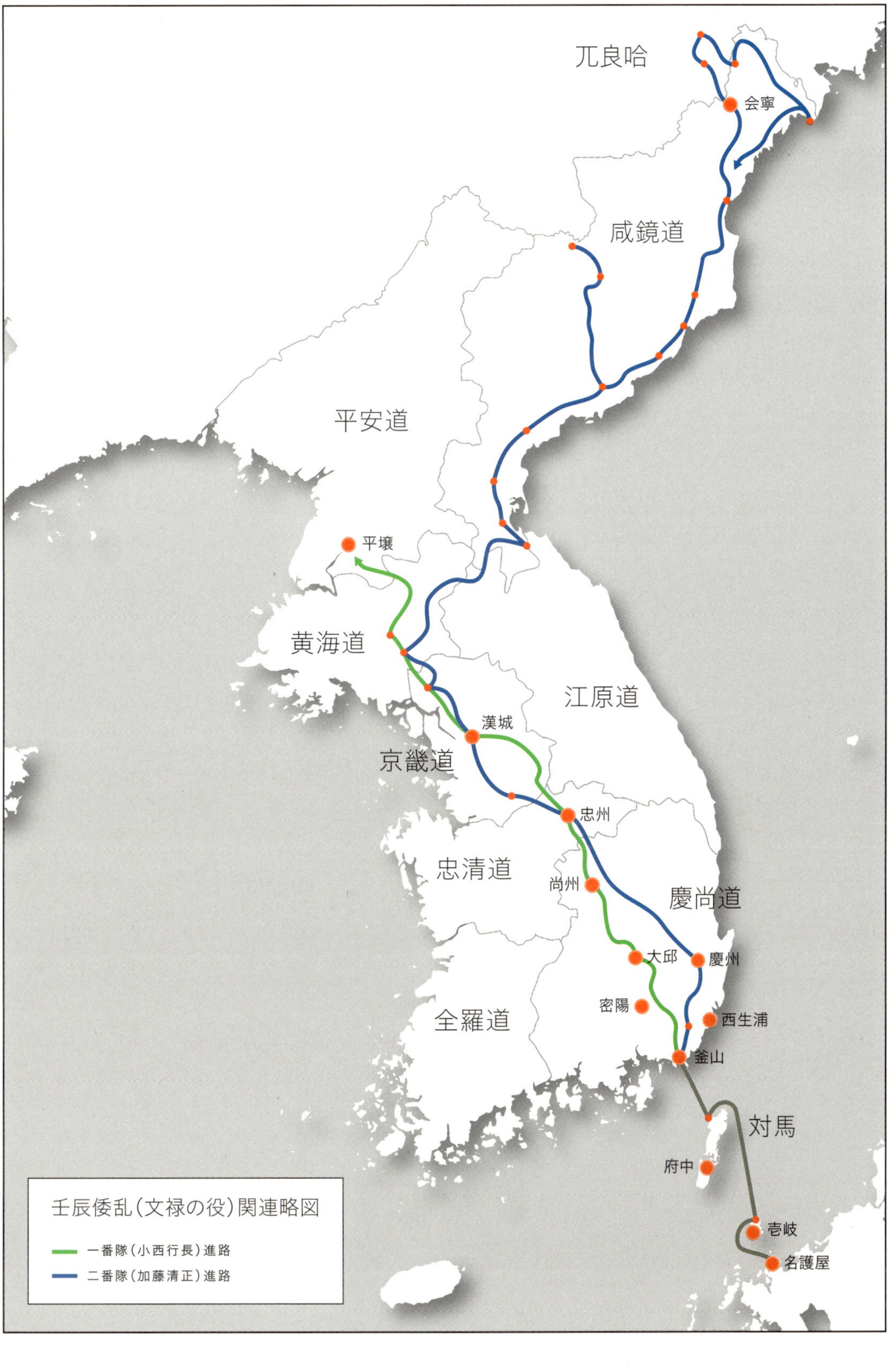
兀良哈
会寧
咸鏡道
平安道
平壌
黄海道
江原道
漢城
京畿道
忠州
忠清道
尚州
慶尚道
大邱
慶州
密陽
西生浦
全羅道
釜山
対馬
府中
壱岐
名護屋
壬辰倭乱（文禄の役）関連略図
一番隊（小西行長）進路
二番隊（加藤清正）進路

が出されます。

その檄文は、お坊さんに対しても出されました。お坊さんは本来、人命を殺《あや》めてはいけませんが、こういう国難の鯨波には、やはり命令に従って、日本軍を撃退するために戦おうということになりました。

その時、西山大師がかなりお歳でしたので、松雲大師は西山大師の代わりに僧侶の軍隊のリーダー、義僧の将になりました。

松雲大師は、人格的に若い人々から慕われていたのでしょう。特に平壌での戦いにも参加して、非常に大きな戦果をあげました。

その後は、やはり僧侶ですから、第一線で戦って人を殺すよりも、後方にまわっての物資の輸送など、色々な補給作戦を行いました。人望があり、組織力がありますから、最後まで戦場で働いたようです。

こうして、朝鮮各地で義兵や義僧が必死で戦い、日本軍を悩ませました。また、朝鮮は中国（当時の明）に対して援軍を求めました。

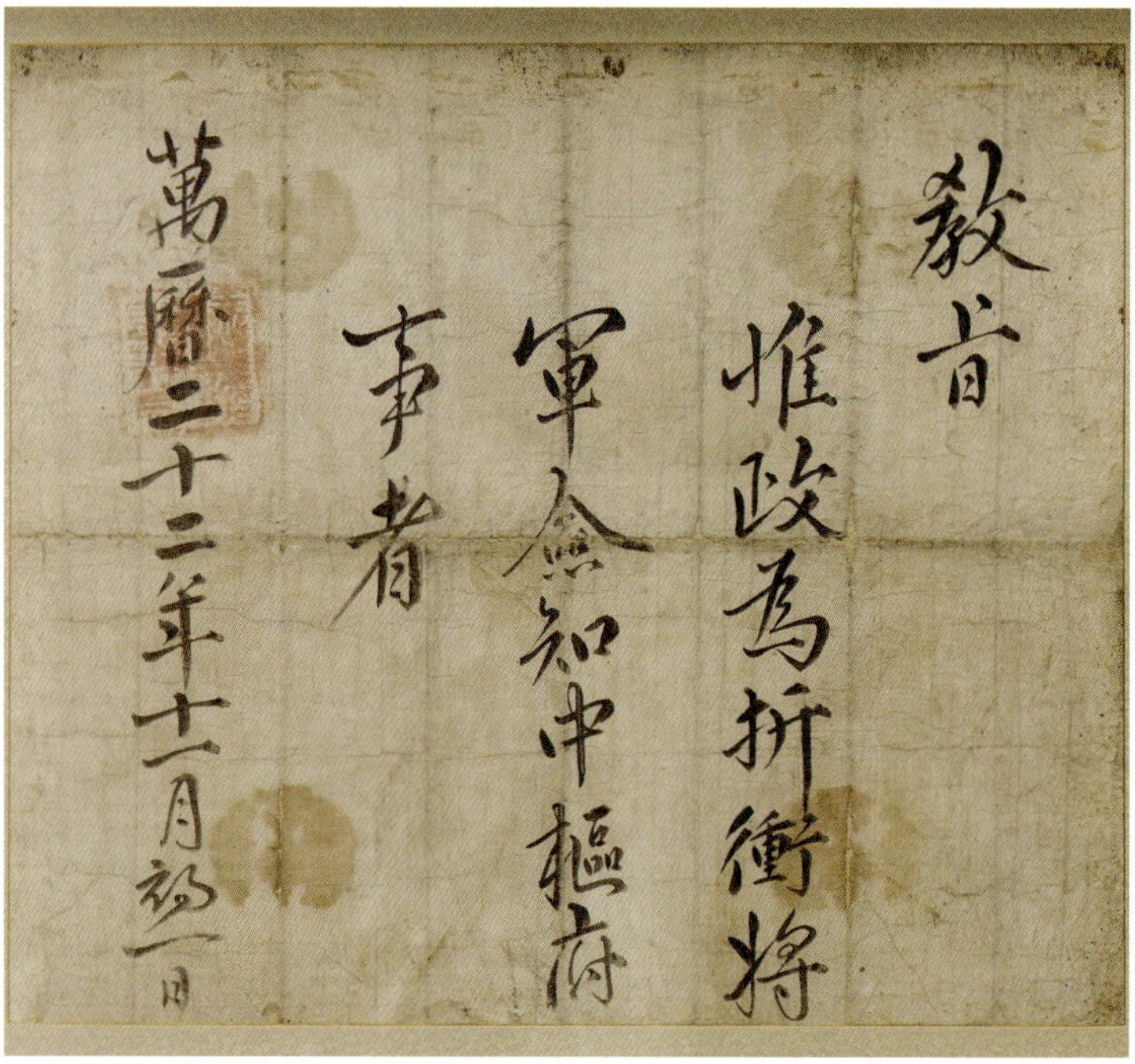
敎旨
惟政為折衝將軍僉知中樞府事者
萬曆二十二年十一月初一日

教旨
表忠寺蔵
一五九四年十一月一日、朝鮮国王宣祖から四溟堂松雲大師に下された教旨（任命書）。大師は、八道の僧軍の都総摂として日本軍と戦った戦功と、西生浦会談の功によって、正三品の位階を授かった。

この二つのことによって、間もなくほとんどの日本軍は海岸に撤退せざるをえない状況になりました。

◆松雲大師のはたらき

この戦争のプロセスにおける、松雲大師の具体的な行動を見ていきたいと思います。

一五九四年五月三十一日、戦争が始まってから二年後のことになります。小西行長と中国の間で和平交渉が進展していましたが、その和平交渉について、小西行長は、秀吉に一々報告せず、独断でどんどん進めていました。また、朝鮮国も何も知らされていませんでした。いわば、朝鮮国と秀吉の頭越しに、小西行長たちが中国と勝手に進めていた交渉でした。

小西行長と中国が何か交渉しているらしいけれども、朝鮮国には、その条件や全貌がよくわかりません。頭越しでは困るので、西生浦倭城《ソセンポウェソン》にいる加藤清正に、使者を派遣することになりました。

西生浦倭城 鳥瞰図
『倭城Ⅰ』（倭城址研究會、一九七六年度 調査報告書）

一五九三年、加藤清正によって築城された山城。海に面した小高い山の山頂に本丸が築かれ、中腹に二の丸、麓に三の丸が配置された。当時は海岸近くまで城砦が築かれていた。

軍人では日本側に殺されるかもしれませんので、民間人で肝の据わった人は誰かいないだろうか、それは松雲大師だということになったのです。

そこで、松雲大師はわずか三十人前後の従者だけを連れて、加藤清正のいる西生浦倭城へ行きました。

西生浦倭城は、韓国の東南部、蔚山《ウルサン》市の南の方にあります。日本軍は砦（この砦を朝鮮では倭城と言う）を築いて、兵力を養いました。西生浦倭城は、その中で最大の本拠地でした。

松雲大師は、清正に対して、「小西行長と明の沈惟敬《チェンウェイチン》の講和交渉は朝鮮国の頭越しにやっている。そんなものは成立する筈《はず》がない、必ず破綻するだろう」と伝えました。

それを聞いて、清正はたいへん喜びました。なぜかというと、清正は戦争を止めることに賛成ではなかったからでした。

そこで、松雲大師は、清正の部下である喜八という人物から、秀吉は、どういう条件で講和をしようと考えているのかを聞き出したのです。

西生浦倭城跡

韓国蔚山広域市

現在も、山頂と中腹の石垣の一部が比較的良い保存状態で残されている。

その講和条件というのは、朝鮮半島の南半分を日本に寄こせとか、朝鮮の王子を人質に日本に連れてこいとか、あるいは中国の皇女を天皇の妃にしろという内容でした。このような条件であることは、松雲大師が清正から聞き出して初めて、朝鮮国の知るところとなりました。

そして、朝鮮側としては、「とてもそんなものは条件として成り立たない」ということになりました。

翌一五九五年二月五日、清正は、「朝鮮の二王子と人質の日本渡海、それだけでも講和が成立する」と改めて言います。

それに対して、松雲大師は、「そんな条件は認められない。このような状態では、講和はありえない。我々は最後の一兵卒になっても、死ぬまで戦うであろう」と言います。

清正の方は、「それでは、もう一度侵略する」と威嚇しました。

こういうやり取りが一五九四年から一五九五年にかけてありました。

松雲大師は一僧侶の身でありながら、敵陣深く分け入って、清正や部下らと交渉し、日本側の本音、秀吉の本音を聞き出しました。

以上が、戦争中に松雲大師が危険を顧みずに行ったことの経緯です。これが後に、松雲大師が朝鮮と日本との間で活躍することにつながります。

◆丁酉再乱と戦争の終焉

一五九七年の二度目の戦争、丁酉再乱（慶長の役）はなぜ起こったのでしょうか。

壬辰倭乱（文禄の役）は一時休戦状態にありましたが、秀吉からの講和条件は、朝鮮も中国も受け入れられませんでした。中国の皇帝は秀吉に対して、「秀吉が足利将軍に代わって天下を取ったのならば、その秀吉を日本の国王として認めよう」という国書を送ってきました。

秀吉は、自分の要求が一切受け入れられないものですから、この講和をご破算にして、再び兵を出して、実力

西生浦倭城跡

で朝鮮半島南部を占領し、日本の一部にするという計画を立てたのです。

この時、日本軍は朝鮮半島の南半分を戦闘によって手に入れるため、朝鮮の穀倉地帯を先ず抑えようとしました。朝鮮の穀倉地帯というのは、米が良くとれる、全羅道一帯です。日本軍は、そこに全部隊を集中して占領していきます。

しかしながら、義兵の戦いや、明の応援もあって、再び日本軍は敗退を重ね、沿岸部にいくつかの倭城を造営して、閉じこもることしかできなくなりました。

清正は、蔚山《ウルサン》城に籠りましたが、その時の蔚山城内には、食べ物も水もなく、戦闘用に使っていた馬の腹を割いて、その肉を食べるところまで追い込まれました。そして押し寄せる朝鮮軍と冬の寒さを耐え、命からがら助かります。

この頃から、加藤清正は、「日本軍はもう駄目だ」とわかっていて、蔚山城での戦いの時には、「自分の命に代えてでも、残った将兵を救うため、蔚山城の包囲を解いて

蔚山城跡（鶴城公園）遠景
韓国蔚山広域市
標高五十メートル程の小高い山。現在は、山全体が公園として整備されている。

蔚山城跡（鶴城公園）石垣
韓国蔚山広域市
公園内には、当時の遺構として石垣が所々に遺されている。

もらおう」と考えていたのです。

朝鮮半島の情勢を見れば、日本軍の撤退は時間の問題でした。しかし、この戦争では日本側も莫大な人命と物資を失っていたため、秀吉は、日本の諸大名に対して示しがつかず、撤退を言い出せません。秀吉は、撤退をすれば、自分の政権はたちまち崩壊するだろうと考えていました。そうした事情もあり、「撤兵したい」という前線の清正以下の指揮官に対し、秀吉は「何を臆病者めが」と言って、脅かして許さなかったのです。

しかし、秀吉は一五九八年に亡くなります。ようやく日本側は撤退の口実ができたのです。

秀吉亡きあと、残された徳川家康、前田利家以下の武将たちは、朝鮮側に秀吉が死んだことを隠して密かに兵を引き揚げはじめ、一五九八年の終わりから一五九九年にかけて、日本軍は撤退をほぼ完了します。戦争は自然に沙汰止みになりました。

朝鮮軍陣図屏風（部分）
鍋島報效会徴古館蔵
慶長二年の蔚山城における籠城戦の様子が描かれた屏風。朝鮮・明軍に包囲され、窮地に立つ日本軍の様子が描写されている。

朝鮮軍陣図屏風（中央部拡大）
鍋島報效会徴古館蔵

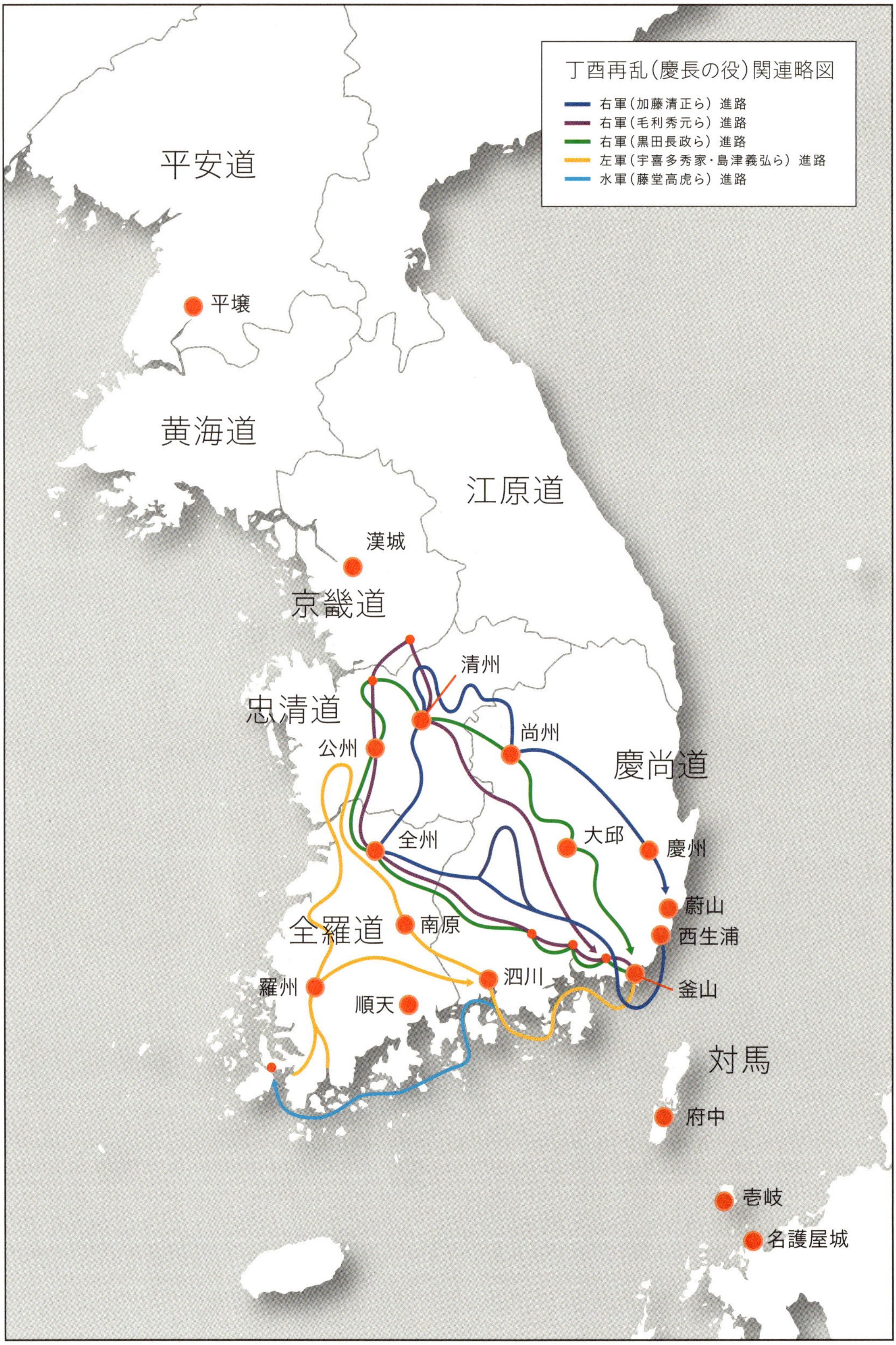

丁酉再乱(慶長の役)関連略図
右軍(加藤清正ら) 進路
右軍(毛利秀元ら) 進路
右軍(黒田長政ら) 進路
左軍(宇喜多秀家・島津義弘ら) 進路
水軍(藤堂高虎ら) 進路
平安道
平壌
黄海道
江原道
漢城
京畿道
清州
忠清道
尚州
公州
慶尚道
全州
大邱
慶州
蔚山
西生浦
全羅道
南原
泗川
釜山
羅州
順天
対馬
府中
壱岐
名護屋城

◆乱後の実情

日本側で一番大きな打撃を受けたのは、農民です。とりわけ前線基地であった対馬では、戦争の時に三千名の兵士を動員するよう秀吉から命令を受けました。対馬は元々、山がちの上、ほとんどお米がとれませんでしたが、非戦闘員、農民も動員され、色々な輸送、食料調達、あるいは軍馬の世話などをさせられました。その結果、戦争が終わってみると、農業を続ける農民がほとんどいなくなっていました。

さらに、秀吉は各大名に対して、「追而揚地之在る節、成し下さる可しとの御約束」、つまり、「戦争に勝ったら、新しい給与地、領地をやる」と約束していたのですが、すべてが反古になってしまいました。

一方、朝鮮側では、日本軍によって沢山の命が奪われただけではなく、多くの民衆が拉致連行されました。

その数は、統計があった時代ではないのではっきりしませんが、およそ三万人から五万人が拉致連行されてきたようです。

その中のある人々は、九州各地で陶工として藩に召し抱えられ、焼き物を生業とするように命じられました。李参平やその他大勢の人々が九州にいました。あるいは大名の側室になった人もいますし、農民として働かされた人もいました。

九州だけではなく、調べた限りでは、今の栃木県にまでいました。もちろん江戸城にもいましたし、京都にも大勢いました。そういう人々の足跡が今あちこちで発掘されています。

その人々のうち、後に朝鮮へ帰ることができたのは、全体の一割くらいだったという文書が残っています。つまり、残りの数万の人々は、この日本で生活せざるをえませんでした。そして、日本人と結婚した人もいれば、日本で亡くなった人もいました。

ですから、朝鮮としては一刻も早く、自国民を郷里に帰したいという思いがあり、実はそのことが、講和交渉を始める一つのきっかけになりました。

◆対馬による被虜人の送還

戦争が終わった翌年、一五九九年から対馬藩は朝鮮に使節を送って、「秀吉が死んだので、戦争はもう終わりだ。だから対馬と朝鮮は仲良くしたい」と言い出すのです。

なぜ対馬は朝鮮と仲良くしたかったのか。それは、対馬藩は朝鮮との貿易で経済が成り立っていたからです。対馬では、米がほとんどとれませんから、例えば米や高麗人参、木綿、麻などを朝鮮から輸入し、対馬からは銀や銅を輸出することで経済が成り立っていたのです。それが戦争によって途絶しました。ですから、他の大名よりもとりわけ早期の講和を求めていました。

しかし、朝鮮側から「それは勝手すぎる」と言われ、交渉はなかなか上手《うま》くいきませんでした。「秀吉の侵略の時に、先鋒大将を命じられてやって来たのは、お前たちじゃないか」と言うわけです。

そこで、対馬は一計を案じました。対馬に拉致連行されてきた被虜《ひりょ》人（捕虜は軍人を指す。それに対して、

李参平の墓
佐賀県西松浦郡有田町
李参平は、壬辰倭乱の際、肥前藩主鍋島直茂によって日本に連れて来られた朝鮮人陶工のひとりで、日本で初めて白磁器を焼いた有田焼の祖とされる。その墓石は長年にわたり忘れられた存在であったが、一九五九（昭和三十四）年に偶然発見された。

陶祖李参平碑
佐賀県西松浦郡有田町
一九一七年、有田焼創業三百年を記念し、陶祖の偉業をたたえるために陶山神社境内に建立された。

民間人は被虜人と呼ばれる）を帰そうということで、一六〇〇年四月、対馬は被虜人三百数十名を朝鮮へ送還しました。それで初めて朝鮮側から反応があったのです。

朝鮮側でも、「対馬だけで、これだけの人数が帰ってきた。色々な情報を集めると、拉致連行された人間は数万人いる。その人たちを連れ戻さなければいけない。それは国家として急務の課題だ」ということがわかってきました。それで、対馬に対して返書を送ることになりました。

◆徳川政権の成立と家康の貿易政策

一六〇〇年は、関ヶ原の合戦の年です。関ヶ原で東軍が勝つことによって、東軍の総大将であった徳川家康のもとに実質的に権力が移ります。まだ大坂（現在の大阪）には淀君と秀頼がいましたが、徳川家に天下が移ったということは、誰の目にもわかります。一六〇三年、家康は初代の将軍に就任し、日本の中央政権担当者としての地位がほぼ確定しました。

その結果、徳川家康は、朝鮮国や中国との関係をどうするのかという、戦争の後処理をしなければならなくなりました。

もともと家康は非常に開明的な人でしたので、権力を握ると同時に積極的に海外貿易をします。いわゆる朱印船貿易です。朱印船というのは、家康の許可状を持った貿易船のことで、家康は、京都や堺、長崎の商人に、「どんどん海外貿易をやれ」と言うのです。そして一時は、百数十隻の朱印船が今のフィリピンやベトナムあたりまで進出しました。

同時に、「中国とも、足利政権の時と同じように、もう一度貿易をしたい。朝鮮とも、対馬が貿易を再開すればよいではないか」という構想を持っていたのです。

ですから、朝鮮との外交関係も安定させたいと考えていました。そして、少数の大名を通じて、朝鮮側との細かなやり取りをしたフシがあります。

朝鮮側も、新しく政権を握った徳川家康が朝鮮側にどういう態度をとるのか、非常にいぶかしく思っていました。態勢を整えて出直して、もう一度、秀吉のように攻めてくる恐れはないだろうか。あるいは新しい政権としては二度と海外出兵はしないのか。朝鮮からは家康の考えがよくわからなかったので、疑心暗鬼だったのです。

◆被虜人の帰国報告と松雲大師の派遣

徳川政権についての情報は、自主的に朝鮮に帰ることができた被虜人から、朝鮮の朝廷にもたらされました。

家族の一部と共に日本軍に連行された姜沆《カンハン》という人が、一六〇〇年六月に朝鮮に帰国しています。この人は立派な儒学者でした。藤堂高虎の軍隊に捕えられて、最初は伊予、後に伏見城下に移り、そこで日本の人々に朝鮮儒学を教えるのです。教えられた人は、藤原惺窩《ふじわらせいか》や林羅山《はやしらざん》といった、後に徳川政権下で儒学のリーダーになっていく人たちです。

そのころ、京都に角倉素庵《すみのくらそあん》という大実業家がいました。角倉家は、京都の保津川を開削したり、あるいは高瀬川を開いたり、後には天竜川の開削も計画した京都嵯峨野の大金持ちです。この人が「儒学を勉強したい」といって姜沆のところに来たのです。おそらく、この角倉素庵が、朝鮮に帰りたいという姜沆の願いを聞き入れ、船を雇うお金を工面してくれたのでしょう。姜沆は無事に朝鮮に帰ることができました。

姜沆は帰国して、朝廷に日本の政情を報告し、「家康はもう兵を挙げはしないだろう」と伝えます。

一六〇一年には、姜士俊《カンサジュン》と余進徳《ヨシンドク》が帰国します。彼らは「徳川家康が百パーセント政権を握るだろう。大坂の秀頼は間もなく滅びるだろう」という報告をしました。

続いて一六〇三年、河東の金光《キムグァン》という人が帰国して報告します。それまでとは異なり、「確かに、家康は講和を望んでいる。しかし、対馬の宗氏が間に立っているので、グズグズしていると責任問題が生じて、宗氏の立場が悪くなる。家康は一方では、講和をしたいと思っているけれども、ひょっとすると、もう一度戦争をするかもしれない」と和戦両様の構えであることを報告するのです。

そこで、朝鮮側としては「何としても日本側の真意を確かめたい。家康は本当に政権を掌握しているのかを確かめたい」ということになり、「探賊使」を派遣することになりました。

しかし、被害を受けた側である朝鮮が、加害者である日本よりも先に使節を出すことは、具合が悪かったのです。それでは足元を見られて、家康からどんな要求が出てくるかわかりません。そこで、一計を案じました。

対馬からは、これまでも度々、「貿易を早く再開してくれ」と言ってきているので、対馬に対して朝鮮から使節を送るという案です。

朝鮮では、対馬に対して、「もし日本と朝鮮の平和が回復したら、今まで通り対馬に貿易を許す。また、釜山に対馬の倭館（貿易商館）を置いてもよろしい」という条件をまず固めました。

それでは、誰を使者として対馬に行かせるか。朝鮮政府を代表した人が行くと、家康の出方によっては朝鮮側が足元をみられることもあり、それでは困ります。民間人で、かつ日本人にしっかりした人物であるという印象

草梁倭館絵図
対馬歴史民俗資料館蔵

一六〇七年の日朝国交回復と同年、豆毛浦倭館（釜山広域市東区）が釜山に設けられた。一六七八年には、別途新設された草梁倭館（釜山広域市中区）へ移転した。草梁倭館の広さは十万坪ほどであり、前倭館の十倍もの広さがあった。

対馬

がある松雲大師が一番よいということになったのです。大師には、加藤清正と談判して一歩も後ろに引かなかったという実績があります。しかもお坊さんであり、民間人です。これほど、うってつけの人はいなかったのです。

朝鮮側は、松雲大師にごくわずかの通訳官と部下だけをつけて、対馬に送りました。「もし日本全体との講和交渉が成立したら、元通り貿易をしても良い」という文書を持っていかせるのです。

それを見て、対馬の宗氏はとても喜びました。こうなった以上は、一刻も早く、家康に講和交渉のテーブルについて欲しいと考え、すぐに、「今、松雲大師という人が来ています。どうしましょうか」というお伺いを、家康に立てるのです。

家康は当時、すでに将軍の職を次代の秀忠に譲って、自身は駿府（今の静岡）に隠居していました。

ただし、隠居と言っても、外交や貿易、あるいは京都の天皇・宗門対策などは、すべて家康が取り仕切っていました。

対馬の家老が家康のもとに行くと、家康は「そうか。それならば、その松雲大師という人物と会おう。来年の

宗義智像
万松院蔵

対馬領主宗氏第二十代当主。秀吉の九州征伐の際、当時の当主・宗義調と共に従って対馬国を安堵された。その後家督を継ぎ、壬辰倭乱では、小西行長らと共に一番隊として朝鮮に攻め入ったが、乱後は、日朝貿易再開に向けて幕府と朝鮮朝廷の狭間で尽力した。一六一五年、四十八歳で死去。

景轍玄蘇木像
西山寺蔵

一五三七年、筑前国宗像郡に生まれる。博多聖福寺、京都東福寺の住持を経て、一五八〇年に宗義調の要請により外交僧として対馬に赴任した。対馬に創建した以酊庵を本拠として外交に尽力し、壬辰倭乱の際も宗義智らと共に戦時外交にあたった。その後、対馬に滞在した四溟堂松雲大師と親睦を深め、京都にも同行した。一六一一年遷化。

三月に私は京都へ行くから、京都まで案内してこい」と答えます。その対馬の家老は、飛んで帰って宗義智《そうよしとし》に報告します。宗義智は、対馬の外交関係の文書を作っていた景轍玄蘇《けいてつげんそ》というお坊さんなどをつけ、松雲大師を京都へ連れて行くことにしました。それが一六〇四年の十一月下旬です。

松雲大師の一行は、十二月二十七日に本法寺というお寺に着きました。家康が来るのは、翌年の三月です。実質、二ヵ月あまり本法寺で待機することになりますが、その間に、松雲大師は日本人からの大きな信頼を得ることになります。

本法寺は、何度か火災に遭っており、松雲大師に関わるものは残っておりません。けれども、本法寺に泊まったということはハッキリしています。その事実を市民の皆さんにもわかっていただけるものを残そうと、京都市の方にお願いして、日本語と英語と朝鮮語で書かれた説明板を作りました。

本法寺

京都市上京区

日蓮宗本山のひとつ。本阿弥家の菩提寺として名高く、特に四溟堂松雲大師と同時期に生きた本阿弥光悦は、多くの書画や什器を本法寺に寄せている。中でも光悦作の「巴の庭」は有名。現在の堂宇は江戸時代後期に再建されたもの。

四溟堂松雲大師についての説明板

本法寺

近年、京都市立国際交流会館によって、京都市内の他の朝鮮通信使の史跡とともにこの説明版が設置された。

◆京都での松雲大師と日本人僧の交流

京都には京都五山があります。京都五山には、とても学識の高い、臨済宗のお坊さんがいます。

そもそも、京都五山の高位の碩学の僧になるためには、仏の教え、悟りの境地だけでなく、儒学も漢文も漢詩も、全部一人前以上にできなくてはなりません。そういう人たちと、松雲大師は交流することになりました。

日本側でも、松雲大師と外交交渉をするためには、そういった京都五山の高位のお坊さんが役に立ったのです。秀吉の時も、家康の時も、お坊さんが外交僧として活躍したのです。

松雲大師と話してみると（話すといっても、筆談、あるいは漢詩の応酬だったのですが）、松雲大師がたいへん立派な僧侶だということが、日本の僧侶にもわかったのです。

例えば漢詩です。漢詩というのは、最初の一人が、まず韻を踏んで、詩を一つ詠みます。そしてその場にいた

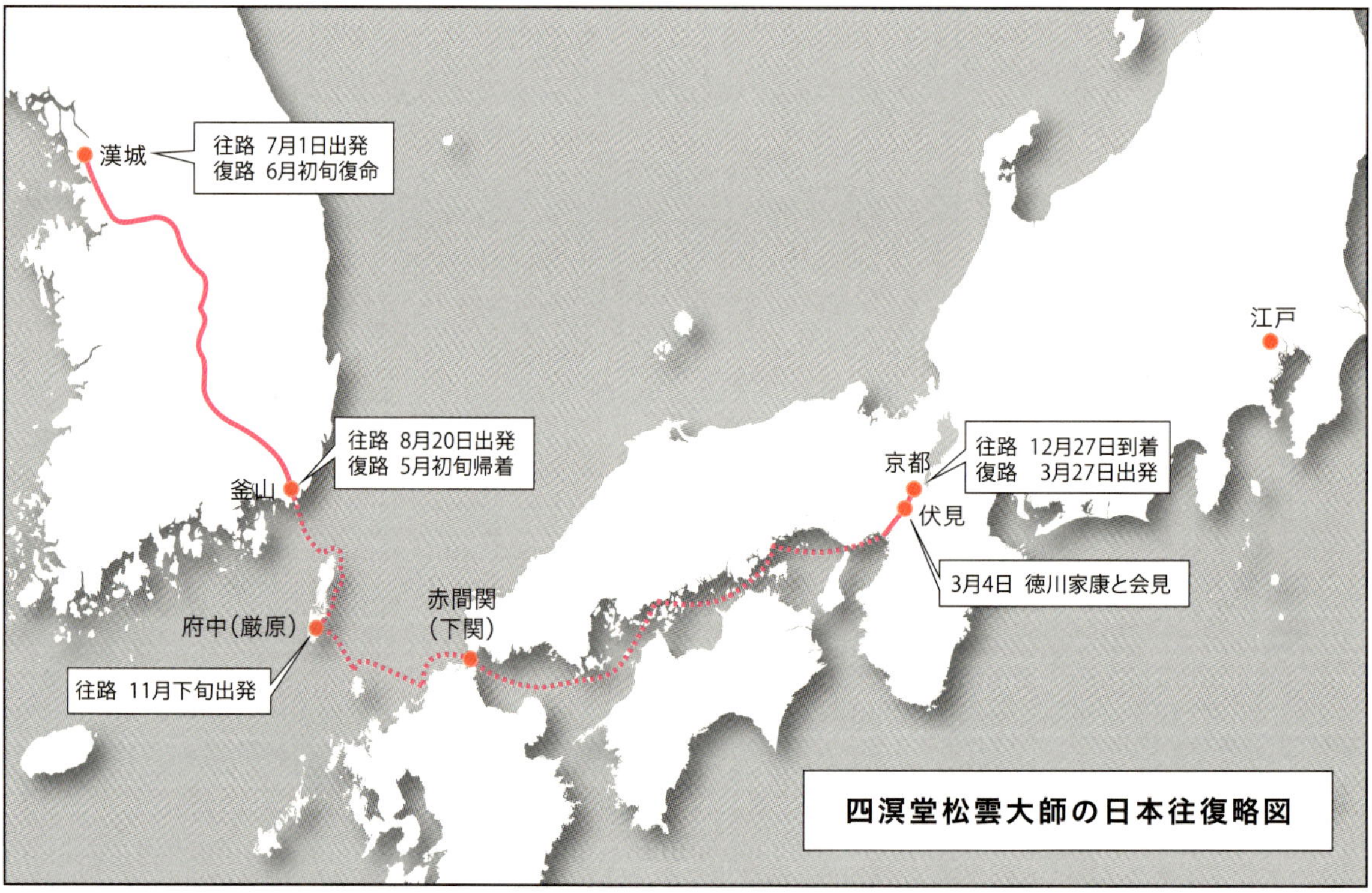

四溟堂松雲大師の日本往復略図

別の人が、最初に詠んだ人の韻を踏んで、また別の詩を詠みます。さらに、別の人がまた同じ韻を踏んで、別の詩を詠む。そういう漢詩の詠み合わせをやるのです。とても知的なゲームです。

松雲大師は、非常に漢詩がうまかったし、書を書いてもうまい。しかも仏教徒でありながら、儒教・儒学のことも非常に詳しい。「こんな素晴らしい学識と能力を持った人であれば、信頼するに足る」という評価がなされたと思います。

その評価は、三月に伏見城で松雲大師が家康と会見する際に大いに役立つのです。

三月四日、京都の伏見城に家康が到着して、松雲大師と会見し、家康から次のような言質《げんち》を得ます。「我、関東にあり。兵事に与《あずか》らず（秀吉の戦争の時には、私は関東にいた。戦争には関係していない）」。しかし、これは正確には嘘だったのです。

秀吉は、家康をはじめ、すべての大名に兵力の動員を命じました。江戸城にいた徳川に対しても、一万五千の

伏見城
京都市伏見区
秀吉によって築城された指月山伏見城は、一五九六年の地震で倒壊。翌年、ほど近い場所に木幡山伏見城が築城されたが、一六〇〇年の伏見城の戦いで焼亡。一六〇一年頃に家康の命で再度建設が始まり、一六〇五年には四溟堂松雲大師と家康との面会が行われた。その後、一六一九年に廃城になった。現在の天守は、昭和年間に建造された模擬天守である。

動員を命じています。家康は、自分の部下を連れて、肥前名護屋城に行っているのです。そして名護屋城から前線に行った大名に色々な手紙を出しています。「もうちょっと頑張れよ」、「間もなく援軍に行くから」、「いのちを大切にしろ」など、何通か書き残しています。この時、家康は豊臣政権の副総理格でした。実際の指揮はしないけれども、後方で戦略を練るという軍機にはあずかっていたのです。ですから「我、関東にあり。兵事に与らず」というのは嘘なのです。

ただ幸いなことに、徳川の軍隊は、一兵も朝鮮半島に行っていませんでした。もし、徳川軍が数百名でも兵を出していたらこんなことは言えなかったでしょう。徳川が兵を出すことがないまま、戦争が終わったことは、結果として、両国にとって幸運でした。

また、松雲大師は「被虜人として日本に連行されてきた人たちを、一刻も早く帰して欲しい」と、伏見城で訴えました。

松雲大師は、その年の三月末に京都を出発し、対馬を

肥前名護屋城図屏風
名護屋城博物館蔵

一五九二年、秀吉の朝鮮侵攻の拠点として、肥前の名護屋に築城された。周辺の諸大名の陣屋を含めて、当時は大坂城につぐ規模の城郭を誇った。同年、秀吉はここに入り侵攻作戦を練った。戦後は廃城同然となり、現在は城郭の遺構が残っている。

経由して、六月に朝鮮へ帰りますが、千数百人の被虜人を、日本側から出させた数十隻の船に乗せて、釜山へ連れ帰ってきました。これは松雲大師の大きな功績になりました。

松雲大師の報告を受けた朝鮮側の政策は、日本との和平交渉に臨む条件を整備する方向に向かいました。

◆国交回復二条件と偽書問題

朝鮮側は松雲大師から「日本では、家康が政権をほぼ掌握し、和平と外交関係を望んでいる」と聞いたため、講和に当たって日本側に二つの条件を出しました。

一つ目の条件は、王陵犯の捕縛です。戦争の時に、真っ先にソウル（漢城）に攻め込んだ日本軍の誰かが歴代国王の墓をあばいたので、その犯人を差し出せ、ということでした。

二つ目の条件は、家康が朝鮮と復交するというのであれば、家康の方から謝罪の意味を込めた国書を出せということでした。

朝鮮がこの二条件を対馬に伝えたところ、対馬は非常に困りました。

墓をあばいた犯人は、どこの誰か全くわかりません。もう戦争が終わってから数年経っていましたし、まして色々な大名の軍隊が行っていますから、とても特定できません。

そこで、対馬は「偽者でいこう」と決めました。対馬の島内で、コソ泥したか、万引きしたか、わかりませんけれども、その程度の罪で牢につながれていた若者を二人、王陵犯として、朝鮮側に差し出すことにしたのです。

また、家康は謝罪の意味を込めた国書を出さないだろうと判断しました。なぜならば、あの戦争は秀吉が始めたもので、家康はしぶしぶ名護屋まで行きましたけれども、結局兵を送っていません。自分が始めた戦争でもないのに、謝罪しなければいけないというのは、どうも腹の虫がおさまらないだろうと考えたのです。そして、こちらも偽物でいこうと決めました。

ちょうどその時、家康から対馬に対して手紙が来ていました。本物らしくするために、その内容を改めて、「日本国王源家康」という名義にして、「日本国王之印」を捺しました。

それまで、足利将軍は「日本国王源某」と、朝鮮国から呼ばれていたからです。徳川も足利も、「自分は源氏の系統だ」ということを言っていますから、その名乗りは全くの嘘ではありません。しかし、対馬は「日本国王之印」を勝手に用いて捺したのです。

年号については、日本には日本年号がありますから、従来は朝鮮に対しては日本年号を使っていました。しかし、このときは中国の年号が使われました。中国の年号を使った方が、朝鮮側に対して信用性があると、対馬は判断したのでしょう。

そして、朝鮮に、偽の二人の犯人と、偽の国書が届きました。

朝鮮朝廷では、「これは本物だろうか、偽物だろうか」と大問題になりました。

まず、二人の青年は若すぎたのです。もう十年くらい前に起こったことなのに、二十代の青年が犯人だというのですから、これは偽者だと、当時の宣祖国王はすぐに判断しました。

国書にも不審な点がありました。確かに家康の名と「日本国王之印」はありましたが、これまで、足利将軍は中国年号を使うことはありませんでした。よって、国書も偽物だと判断したのです。

当時の朝鮮朝廷が偉かったのは、二つとも偽物だと判断しながらも、その偽物をそのまま受け入れたことです。

これを蹴ってしまったら、両国の関係はもう一度振り出しに戻ってしまいます。家康が態度を硬化して講和がしばらくおあずけになれば、日本に残っている何万の人々が朝鮮に帰れなくなります。それでは具合が悪いのです。

さらに、朝鮮半島北方の情勢が緊迫してきていました。今の旧満州あたりに、女真《じょしん》族という北方の遊牧民を主体とした「後金」という国家があって、その勢力が急速に大きくなっていました。そして、今の北朝鮮と中国の国境の鴨緑江《おうりょくこう》、豆満江《とまんこう》あたりで、女真族が国境を越えて朝鮮に攻めてくる事態になっていたのです。

朝鮮王朝の印「爲政以徳」（偽造木印）
九州国立博物館蔵

宗家旧蔵の偽造木印。本物の印である「図書」は銅印である。この木印と豊臣秀吉宛の朝鮮王朝国書に捺された印は同一のものであることがわかっている。この偽造印を宗家が所有していた事実から、対馬藩によって国書が改ざんされたことがわかる。

そうなると、南方の日本と早く安定した関係にしておかないと、南北両方に敵ができてしまいます。ですから、何としても日本と講和をしようと、朝鮮は決断したのです。

そこで、偽者とわかりながら、その二人の青年は、気の毒なことにソウルで首を斬られてしまいました。

また、国書は、偽物とわかっていましたが、謝罪の意味を込めた国書として受け取り、これに対する朝鮮国王の国書を家康のもとに届ける、という決断をしました。

その朝鮮国王の国書を持った使節が、二年後の一六〇七年に、日本に来ることになりました。

この使節は、「江戸時代最初の朝鮮通信使」と、一般には呼ばれていますが、この時点では日本と朝鮮は半戦争状態でしたから、朝鮮側はまだ「通信使」という名前を正式には使っていませんでした。

「この使節は、まず家康の国書に対する朝鮮国王の回答の国書、回答使である。そして、まだ多くの被虜人が残っている。この使節は被虜人を連れ帰る(刷還する)。だから、

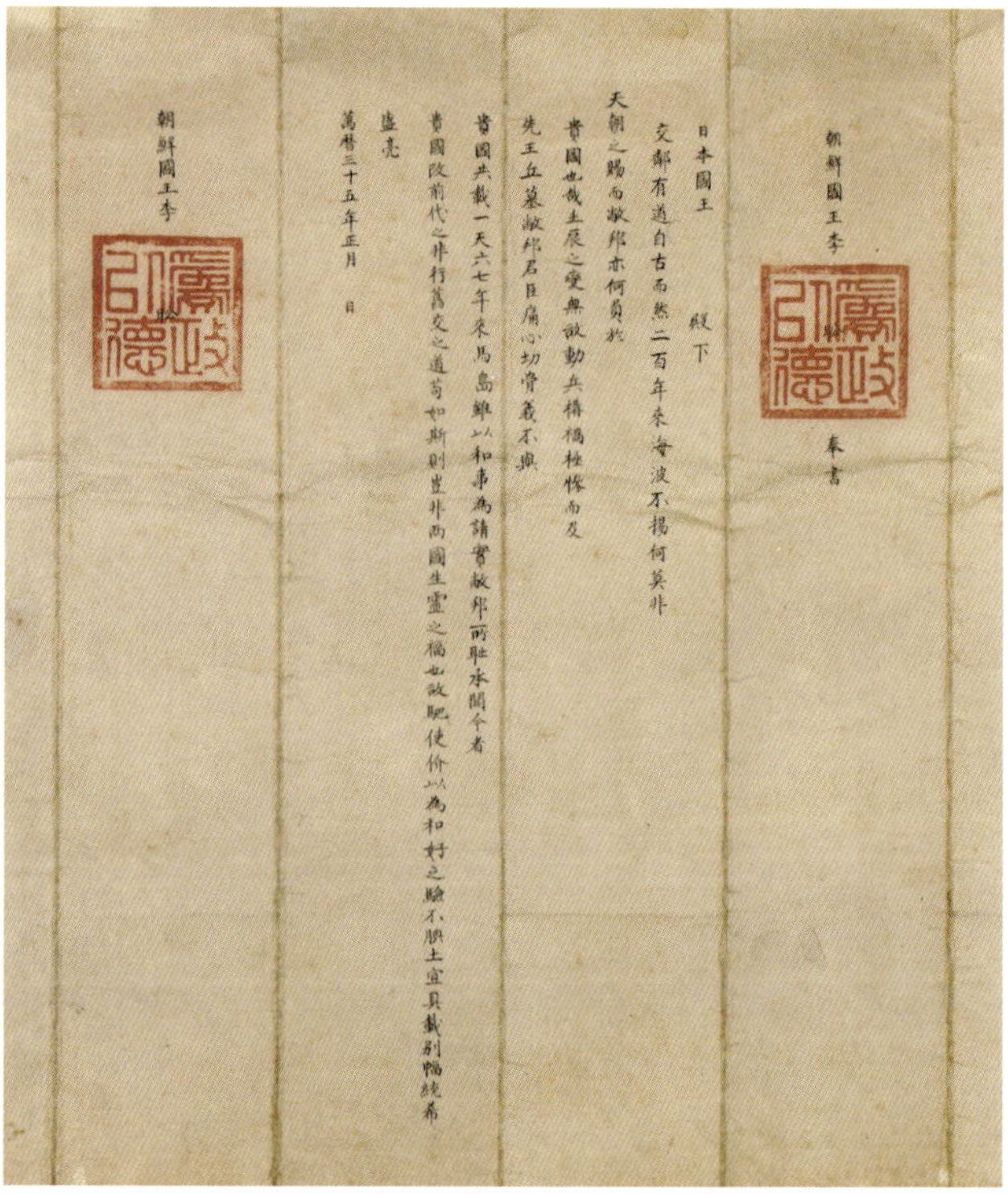
朝鮮國王李昖　奉書
日本國王　殿下
交鄰有道自古而然二百年來海波不揚何莫非
天朝之賜而敝邦亦何負於
貴國也哉壬辰之變無故動兵構禍極慘而及
先王丘墓敝邦君臣痛心切骨義不與
貴國共戴一天六七年來馬島雖以和事爲請實敝邦所耻承聞今者
貴國改前代之非行舊交之道苟如斯則豈非兩國生靈之福也故馳使价以爲和好之驗不腆土宜具載別幅統希
盛亮
萬曆三十五年正月　日
朝鮮國王李

朝鮮国王李昖国書
京都大学総合博物館蔵

一六〇七年、初の回答兼刷還使は、朝鮮国王宣祖からの国書を将軍徳川秀忠へ渡した。この国書は、先の家康からの国書(対馬藩が捏造したもの)に対する返書であったが、対馬藩は国書捏造の事実を隠蔽するため、返書であることがわかる部分を改ざんした。早期の日朝国交回復および貿易再開のために、対馬藩が日朝双方の国書を改ざんしていたことを示す証拠物である。

今回の使節は回答兼刷還使だ」という名目で、一六〇七年に、朝鮮は日本へ第一回の使節団を派遣するのです。

◆国交の回復——朝鮮使節団の訪日

こうして、日朝国交が回復することになりました。

その十年後、一六一七年に第二回の回答兼刷還使がやって来ます。この時も将軍は秀忠で、将軍がいた京都の伏見城で国書の交換をしました。

淀君・秀頼母子を大坂で滅ぼした秀忠は、自らの将軍就任を機に、朝鮮から使節団がやって来たということで、とても歓迎しました。早くも、非常に友好的な雰囲気が生まれたのです。

それから後、朝鮮通信使は江戸時代に全部で十二回訪日しており、日本と朝鮮との間で、お互いに「誠信の交わり」、「誠と信義の交わり」をしようという言葉がちりばめられた国書が、交わされることになりました。

この両国間の平和な関係は、東北アジアにとって、と

朝鮮通信使来朝図
神戸市立博物館蔵
一七四八(延享五)年、第十回の朝鮮通信使が将軍への挨拶を終えて、使館の浅草本願寺へ戻る様子が描写されている。一方、朝鮮通信使行列を模した山王祭の行列図とする説もある。

軍官

正使
小童
中官
小通詞

上官
軍官
副使
砲手
小通詞

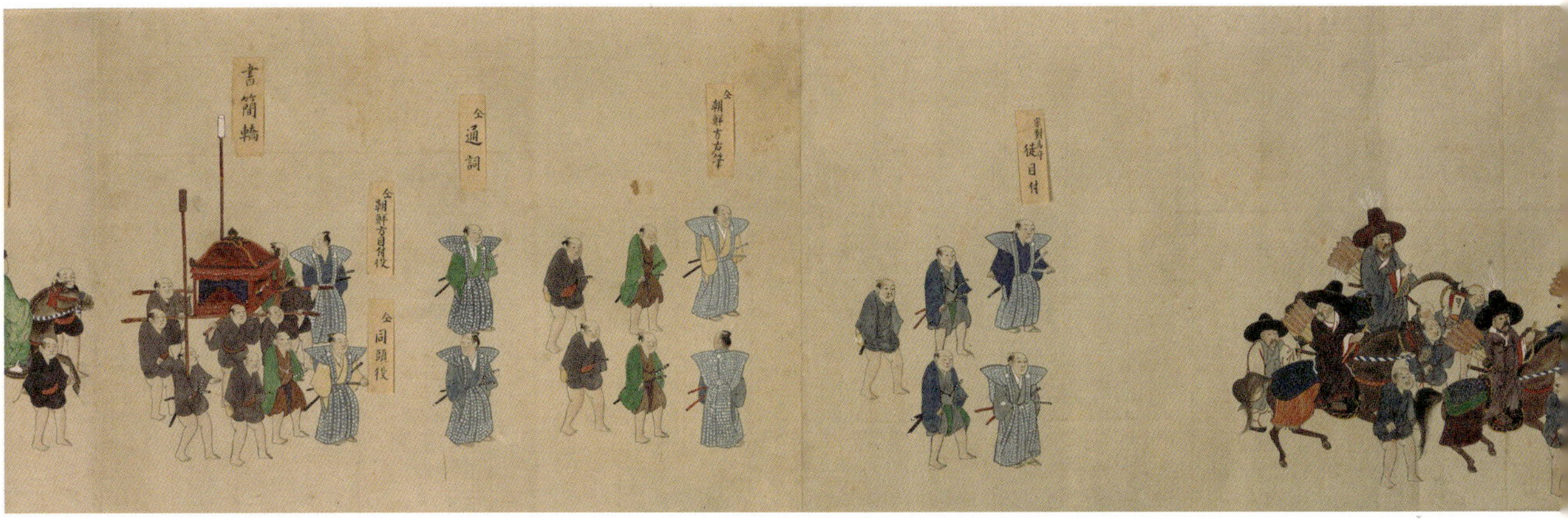

朝鮮通信使絵巻（文化度）［部分］　対馬歴史民俗資料館蔵

ても大きな意味がありました。以後二百数十年間、戦争がなかったのです。これは当時の世界情勢から見ると、本当に不思議なことです。

近世になってから、十七世紀、十八世紀、ヨーロッパでは戦争ばかりしていました。ところが、東北アジアは全く戦争がありませんでした。中国と日本も、国交は開けませんでしたが、貿易をしていましたし、安定した状態が続きました。

そういうことで、一六〇七年に朝鮮側が偽書を受け入れて、使節を派遣し、日本との国交を回復するという決断をしたことは、とても大きな意味があったのです。

ここでもう一つ、お話ししておきたいことがあります。それは、先ほどの西生浦倭城での松雲大師と加藤清正との会見に関わることです。会見で松雲大師の応対をした日本人は、加藤清正ひとりではありませんでした。喜八という部下がいて、さらにもう一人、日真という僧侶が、加藤清正の代理として交渉に当たりました。

日真上人像
本妙寺蔵

本妙寺開山。一五八三年、清正は摂津難波に本妙寺を建て、日乾の門人であった日真上人を招き、開基とした。朝鮮出兵の際は清正に従軍し、朝鮮側（四溟堂松雲大師）との外交交渉にあたった。一六二六年遷化。

日真は、清正陣営の従軍僧として前線に派遣されていました。どうして僧侶が戦争に行くのかと考えられるかもしれませんが、当時、清正に限らず、他の大名たちも皆、僧侶を朝鮮に連れて行きました。

僧侶たちは、筆談ができますから、朝鮮側との交渉ができます。また、前線で兵士たちが亡くなった時には僧侶が必要です。それから、僧侶の知識はたいへん広く、大名のアドバイザーにもなりました。ですから、加藤清正も日真を従軍僧として連れていました。

日真は、日蓮宗（当時の法華宗）の人です。加藤清正は非常に熱心な法華の信者で、京都の本国寺（現在の本圀寺）という大きなお寺の和尚さんに帰依していました。

清正は、朝鮮への出陣に際して、本国寺の日頂上人に『法華経』一千部の読経をしてもらいました。そして、「もし自分が戦死する時にはどういう心持ちでいたらよいのか」ということを聞き、甲冑《かっちゅう》を着け、本国寺の門から出陣していったのです。

六条本圀寺（本国寺）西門跡題目碑
京都市下京区

大光山本国寺は、一三四五年、光厳天皇の勅諚により鎌倉から京都六条へ移遷された。以後、朝廷・室町幕府の厚い庇護のもと、六条門流と称される。その後、水戸光圀の帰依をうけ、寺号を本圀寺と改めた。一六三六年以来、七回にわたり朝鮮通信使の宿館として用いられている。一九七一年に寺基を山科に移した。

◆加藤清正と肥後の本妙寺

このことは、今の加藤清正の菩提寺である、肥後熊本の本妙寺との縁につながります。

この時、加藤清正も、大勢の朝鮮人を拉致連行していて、その中に、日遙《にちよう》がいました。

日遙が清正軍に拉致され、日本へ連れて来られたのは、十二歳の時でした。俗名を余大男《ヨデナム》といいます。

義兵だった日遙の父親も日本に連れて来られましたが、後に朝鮮へ帰還することができました。

しかし、加藤清正は「この少年は見どころがある」と思ったらしく、この日遙を帰すことを許さなかったのです。それで日遙は、清正によって日真にあずけられ、僧籍に入るのです。

その後、日真は日遙を、京都の六条講所（六条講院ともいう）に送りました。この六条講所というのは、おそらく先ほどの本国寺のことだと思います。そして、日遙は六条講所の日乾というお坊さんのもとで修行をして、

本妙寺
熊本県熊本市

一五八五（天正十三）年、加藤清正は父の追善のため日真上人を招き、摂津に本妙寺を建立した。一五八八（天正十六）年、清正が肥後大守に封じられると、本妙寺を熊本城内に移す。一六一四（慶長十九）年、本妙寺焼失を機に、清正の廟所である現在地に移転した。

その後、熊本へ帰ってきます。

日遙が熊本に帰ってから間もなく、日真は本妙寺住職を引退します。日真の後、二代目の方が住職を継ぎますが早く亡くなり、三代目の住職として日遙が取り立てられました。

日遙は拉致連行されてきた朝鮮人ということをよくわかりながら、日真も清正も、日遙のことを認めていたのです。日遙は非常によくできた人だったのでしょう。

一方、朝鮮に帰っていたお父さんは、「どうやら息子の余大男は熊本で捕らえられ、お寺のお坊さんになっているらしい」という情報を色々な筋から得て、やがて日遙のもとに、お父さんから手紙が届きます。一六二〇年のことです。

「聞く所によると、お前は日本で捕らえられて、僧侶になっているそうだけれども、私はこうして国に帰ることができた。家族の中には亡くなった者もいるが、お前の帰りを心より待ちわびている」という手紙でした。

日遙が、その手紙を読んで、自分は日本で今、仕事も生活も安定しているけれども、お父さんの孝養のために、

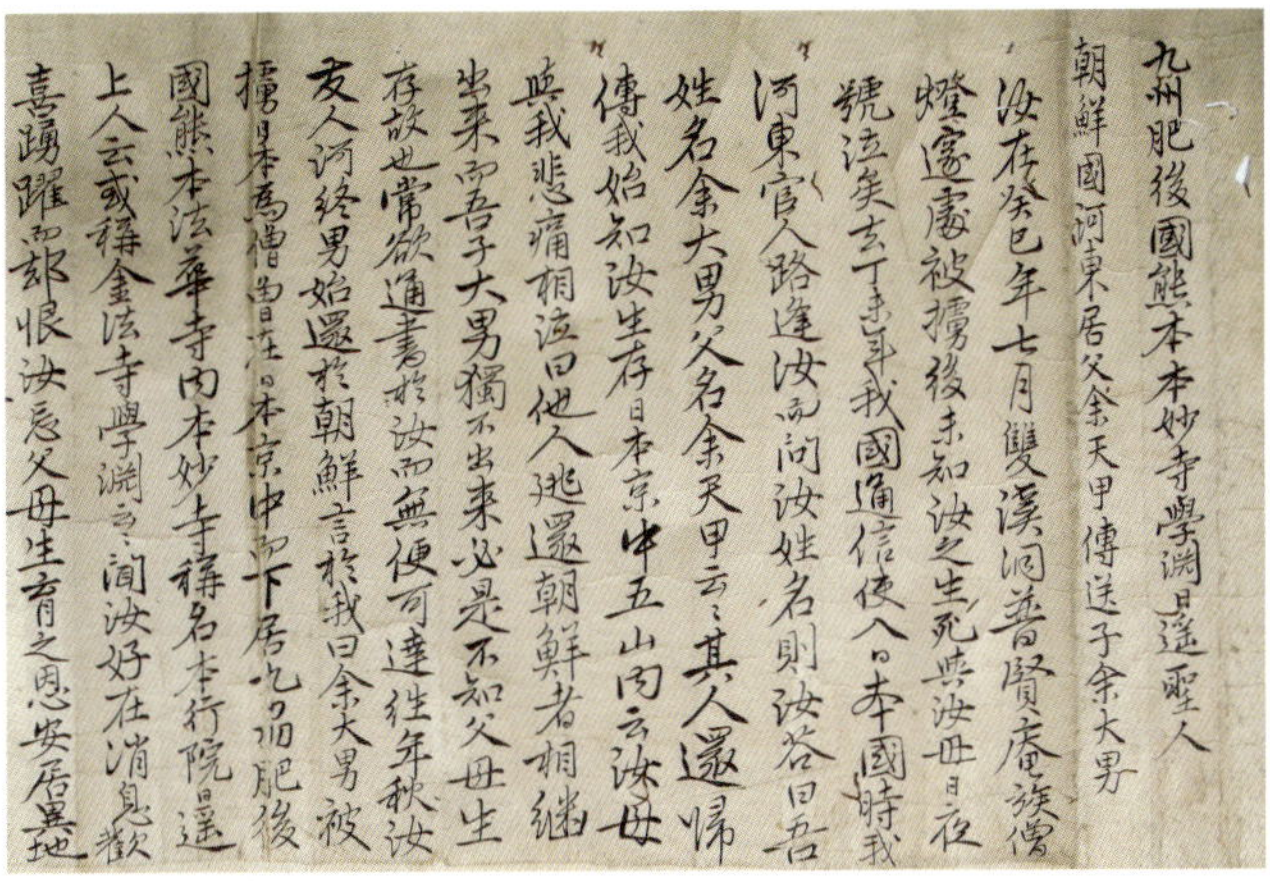

九州肥後國熊本本妙寺學淵日遙聖人
朝鮮國河東居父余天甲傳送子余大男
汝在癸巳年七月雙溪洞普賢庵族僧
燈遠處被擄後未知汝之生死與汝母日夜
號泣矣去丁未年我國通信使入日本國時我
河東官人路逢汝而問汝姓名則汝答曰吾
姓名余大男父名余天甲云云其人還歸
傳我始知汝生存日本京中五山内云汝母
與我悲痛相泣曰他人逃還朝鮮者相繼
出来而吾子大男獨不出来必是不知父母生
存故也常欲通書於汝而無便可達往年秋汝
友人河終男始還於朝鮮言於我曰余大男被
擄日本爲僧自日本京中而下居九州肥後
國熊本法華寺内本妙寺稱名本行院日遙
上人云或稱金法寺學淵云云聞汝好在消息歡
喜踊躍而却恨汝忘父母生育之恩安居異地

日遙父（余壽禧）書状【部分】
本妙寺蔵
熊本日韓文化交流研究会撮影

一六二〇（元和六）年、日遙上人（余大男）が四十歳のとき、朝鮮にいた父・余壽禧が肥後の日遙に宛てた書簡（一三二一一三三頁参照）。

日遙上人像
本妙寺蔵

本妙寺第三世。本名は余大男。朝鮮出兵中の加藤清正に捕らえられて日本に連行された。その後、京都での修行を経て、本妙寺住職となり、自坊の火災や加藤家の改易などの危機を乗り越え、本妙寺存続の基礎を築いた。一六五九年、七十九歳で遷化。

一刻も早く朝鮮に帰りたいという気持ちを持ったとしても当然のことです。

ところが、加藤清正が亡くなり、その後を継いでいた息子の忠弘は、日遙が国へ帰ることを許さなかったのです。それで日遙は、「自分は朝鮮へ帰りたいけれど帰れない。たいへんな親不孝をして申し訳ない」という手紙を送りました。

その後、もう一度手紙のやり取りがあり、本妙寺にはその手紙の現物も残っています。これは、遥か異国の故郷から手紙が届いて、そして家族の消息がわかったというとても珍しいケースです。

本妙寺の山号は発星山ですが、ある朝鮮人被虜人がその山号額字を書いたものが残っています。その人は洪浩然《ホンホヨン》で、肥前の大名・鍋島直茂に連れて来られた人でした。

洪浩然は、お坊さんではなく、小姓《こしょう》役（主君の側近くに仕えて、雑用をつかさどる身分）になりました。字もたいへんうまかったようで、おそらく日遙から揮毫を頼まれたのでしょう。

洪浩然は、朝鮮人でありながら小姓に取り立てられた

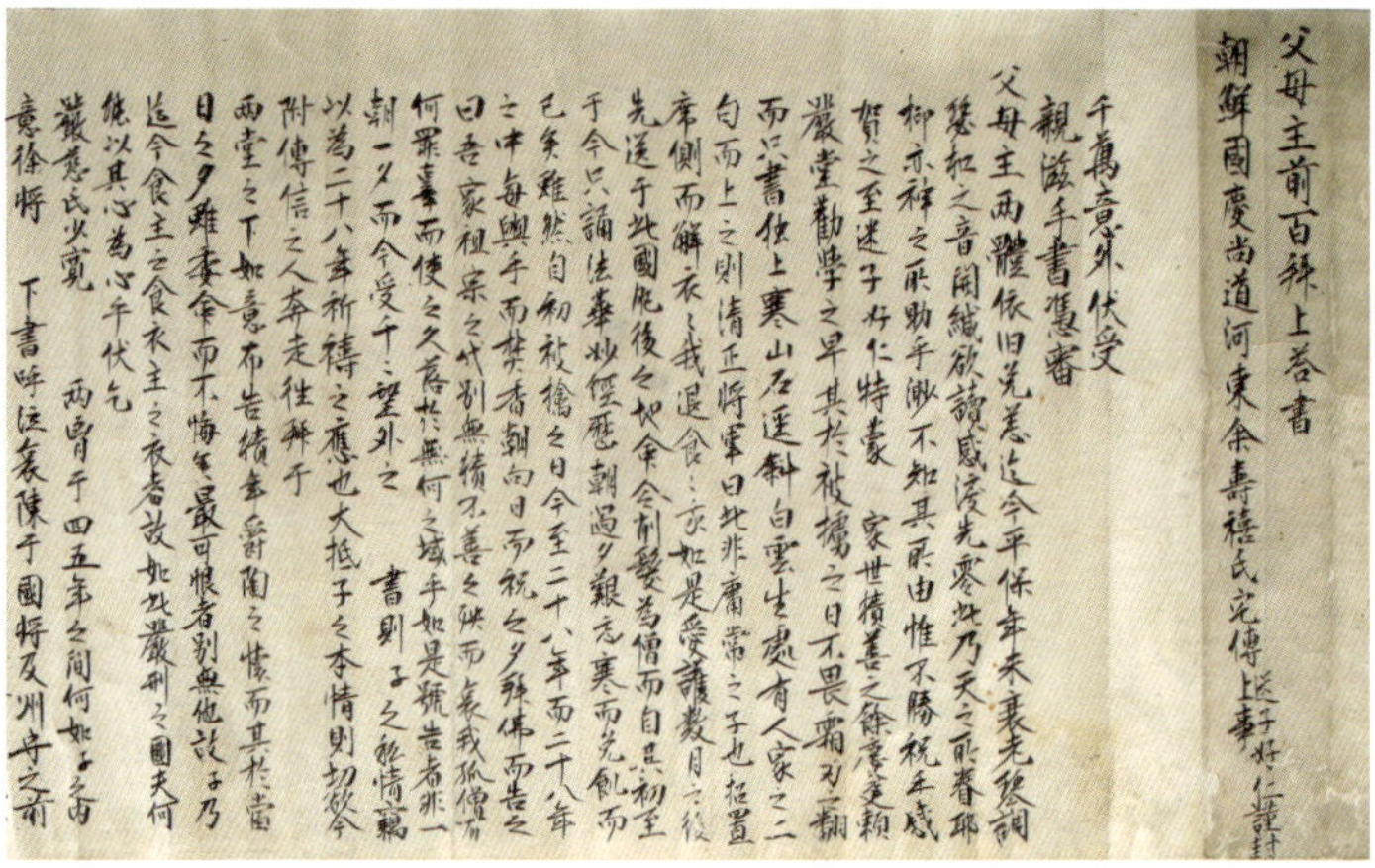
父母主前百拜上答書
朝鮮國慶尚道河東余壽禧氏宅傳上

日遙書状［部分］
本妙寺蔵
熊本日韓文化交流研究会撮影
一六二〇（元和六）年、日遙上人（余大男）が父・余壽禧の書簡に対して書いた返書の案文（一三四－一三五頁参照）。

山号額字「発星山」
本妙寺蔵
熊本日韓文化交流研究会撮影
佐賀の鍋島藩に捕らえられた被虜人・洪浩然の書。

ため、鍋島直茂が亡くなった時に、とうとう殉死せざるをえなかったという悲劇の人でした。

◆本妙寺の松雲大師遺品

本妙寺には、西生浦倭城での会談で、松雲大師と日真がやりとりしたと思われる手紙が残っています。

手紙には、「奉日真大禅師……」とあります。要するに、「貴方も私も、同じ仏門に仕えている者である。同じように二人が仏の心を持ち合わせている。そういう意味で、あなたと私とは友人ではないか」ということです。そういうことを松雲大師は書き送っています。

また、松雲大師の書に「あなたとは初めてまみえるけれども、お互いに下心がない。これは当然ではないか」というものもあります。

ちなみに、松雲大師の位牌は韓国の表忠寺にありますが、お墓は海印寺《ヘインサ》にあります。

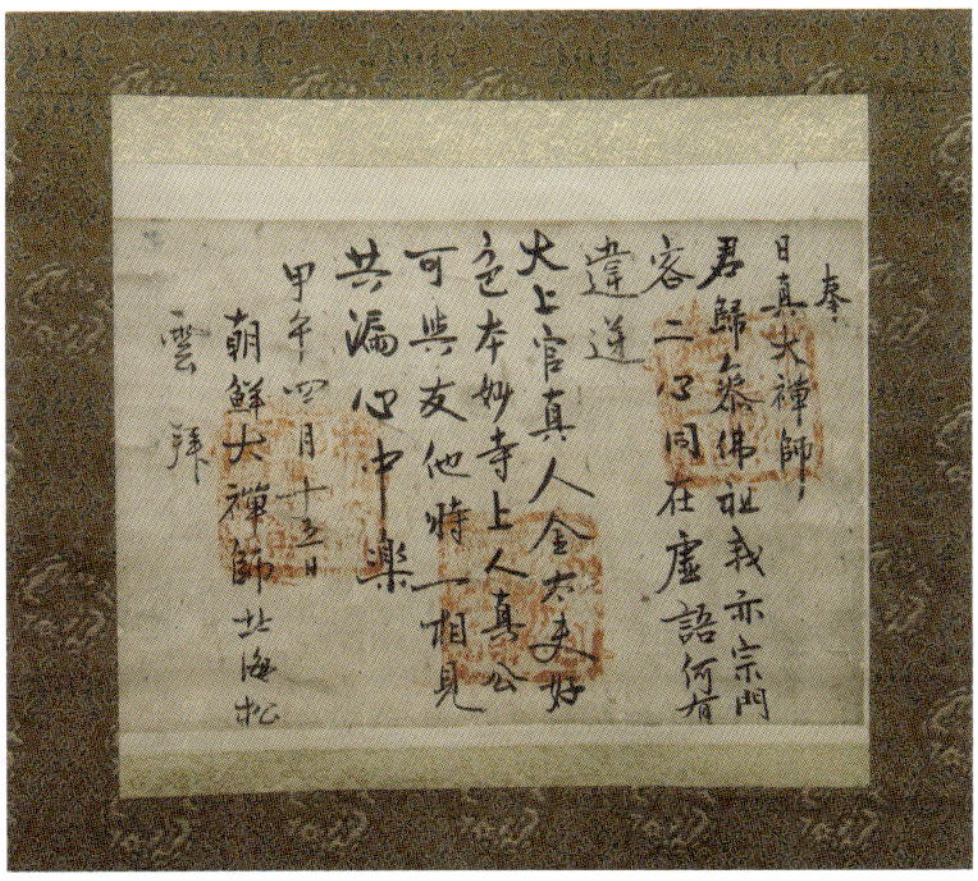

松雲大師送日真辞
本妙寺蔵

一五九四（文禄三）年四月、四溟堂松雲大師が加藤清正との一回目の交渉の際に陣中の日真に送った書（一〇九頁参照）。

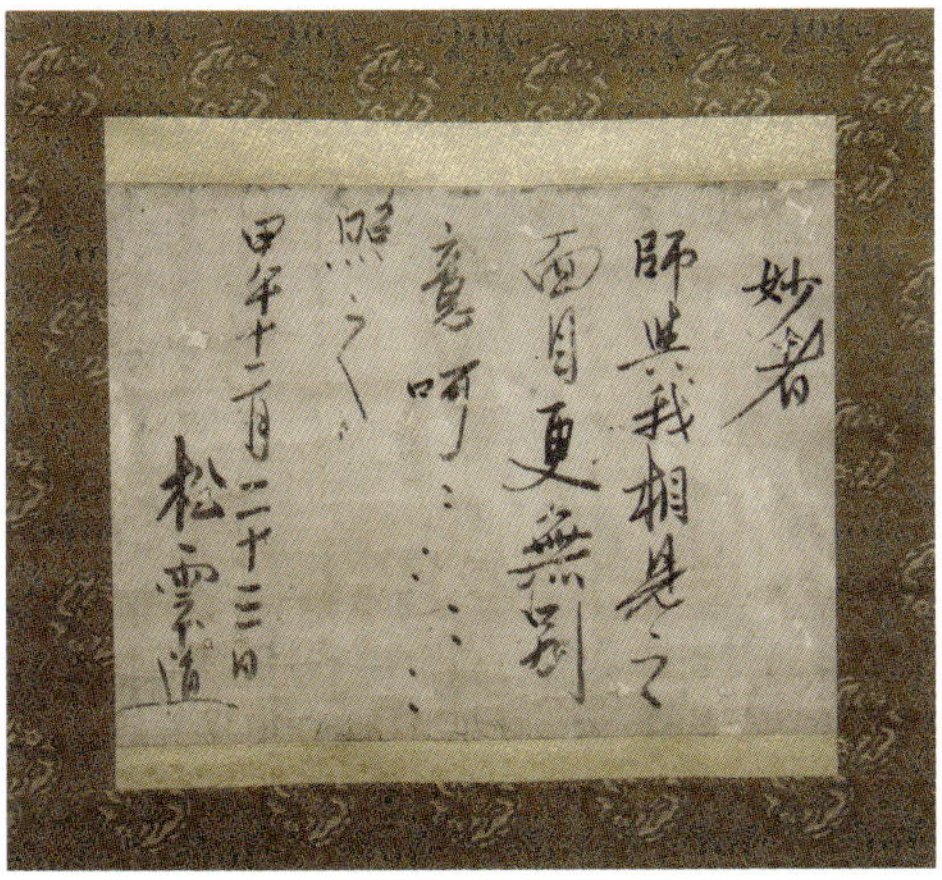

松雲大師法語
本妙寺蔵

四溟堂松雲大師が加藤清正に送った法語。一五九四（文禄三）年十二月に行われた最後（三回目）の交渉の際に日真に送られたものと考えられる（一一一頁参照）。

海印寺は、『高麗大蔵経』という一切経が備わった「法」のお寺です。通度寺《トンドサ》は仏舎利があるので、「仏」のお寺です。それから、松広寺《ソングァンサ》は修行の場所ですから、「僧」のお寺です。この通度寺、海印寺、松広寺は、「韓国三大名刹」と呼ばれ、仏教で大事にされてきた三宝（仏・法・僧）が、この三つのお寺にそれぞれ備わっています。

この講演に先立って正行寺で雅楽奉納を拝見しました。雅楽の淵源は中国なのですが、日本へは朝鮮半島を通じて入ってきました。なぜ朝鮮半島から日本へ伝来したことがわかるかと言いますと、雅楽の中には高麗《こま》楽というのもあるからです。高麗とは朝鮮のことです。舞楽『納曽利《なそり》』も朝鮮の楽曲です。

こういう朝鮮の楽曲も、日本の雅楽に入っており、天皇家の内部、宮中の音楽として伝承されてきました。

この雅楽を初めて聞いた朝鮮人はびっくりしたのです。江戸時代の中期、第九回目の朝鮮通信使が一七一一年にやって来ました。六代将軍家宣の時です。その時、将軍

弘済庵
海印寺
韓国慶尚南道陜川郡
海印寺の広大な境内の一角にある弘済庵は、一六〇八年に朝鮮国王宣祖から四溟堂松雲大師に下賜・創建された。大師は最晩年、弘済庵で隠居生活を送り、一六一〇年、同地にて六十七歳で入寂した。

四溟堂松雲大師浮屠《ふと》
海印寺弘済庵
四溟堂松雲大師の舎利塔である浮屠は、一六一〇年に建立された。弘済庵の小高い裏山の中腹に建てられている。

四溟堂松雲大師石蔵碑

海印寺弘済庵

四溟堂松雲大師入寂の二年後に建立された石蔵碑には、大師の生前の行実が刻まれており、現存する記録の中で最古のものとされている。一九四三年、日本統治下において、大師の存在が民族意識を高めるとして、日本人警察署長によって破壊された。その跡が現在も残されている。

海印寺 弘済庵

のアドバイザーだった儒学者に新井白石がいました。それまで朝鮮通信使が来た時には能楽をしていたのですが、新井白石は「能は足利義満の時から始まって、まだ三百年くらいしか経っていない。これが日本を代表する楽曲だと思われたら困る。もっと古くから伝わっている雅楽をやるべきだ」と考えて、京都から雅楽師を江戸へ連れてくるのです。そして、江戸の城中で、国書交換の儀式の後に宴会を催し、その際に雅楽を奏しました。すると、朝鮮通信使の正使・趙泰億《チョテオク》はびっくりしてしまいました。「高麗楽とか、納曽利というのは、我が国にかつてあったということは知ってはいたけれども、目の前で見るのは初めてだ。日本と朝鮮とでは、文化も歴史も違うけれども、このようにして共通のものを伝えてきたのだ」と、とても良い雰囲気になったということです。

◆近・現代の日本と朝鮮半島のかかわり

世界中のどこの国や民族もそうですが、絶対に戦争を

朝鮮通信使図屏風
御寺 泉涌寺蔵（京都市）
朝鮮通信使が江戸城内で将軍と謁見する様子が描かれている。一六五五（明暦元）年の使節団を描いたものとされる。

舞楽『納曽利』
筑紫楽所

右方の舞楽曲（高麗楽）。二匹の竜が戯れる様子を表したとされる。別名『落蹲』。歴史は古く、源氏物語にも描写されている。

起こしてはなりません。

とりわけ近隣の諸国、今の日本でいうと、一番近い所は大韓民国、朝鮮民主主義人民共和国、中国、ロシア、そういう国との間では、絶対に戦争を起こしてはなりません。近隣諸国を不幸なことに巻き込んではならないのです。これはお互いさまです。このことは、肝に銘じなければなりません。

ところが不幸なことに、一九一〇年の「韓国併合」を含めて、日本の植民地支配、大陸侵略ということがありました。これを一番の教訓にする必要があると思うのです。

このことは、例えば韓国とだけに限って言っても、今に至るまで影を落としているのです。日本側はいわば加害者の方ですが、よく覚えていない人が多いですし、記憶が薄らいでしまっているのが現実でしょう。

朝鮮半島で、日本は何をしたでしょうか。

一八七六年に、江華島条約が当時の朝鮮国と日本との間で結ばれました。この条約は、大変な不平等条約だったのです。

簡単に言うと、日本が一八五四年にアメリカから強要されて結んだ日米和親条約と同じものです。

日米和親条約では、アメリカ人が日本国内で犯罪を犯しても、日本には裁判権がありませんでした。また、関税も日本側で決められませんでした。そういった不平等によって、明治の日本は苦しんで、この条約を改正するまでに二十数年もかかりました。それと同じものを、日本は当時の朝鮮国に押し付けたのです。

加えて、日本の貨幣を釜山や仁川《インチョン》、元山《ウォンサン》で自由に使えるようにしたので、当時の朝鮮経済は大混乱を起こしました。

それから日清戦争は何故起きたのか。当時、中国（清）と日本が直接戦争する理由は、ほとんどありませんでした。問題は朝鮮にあったのです。

当時の朝鮮王朝は、かなり腐敗していた面があり、それに対して農民が大反乱（東学農民一揆）を起こしたのです。そして、朝鮮朝廷は中国にその鎮圧のため、援助を求めました。日本には何も求めていなかったのですが、日本は勝手に軍隊を送り込んで、農民軍の弾圧に加わってしまいました。そればかりか、朝鮮国王を軟禁して、王宮を占領してしまいました。その紛争が終わった後も、日本軍は引き揚げませんでした。

もちろん中国とも、軍艦相互の戦争や、旅順での戦争などがありました。日本の朝鮮支配が、中国の軍隊が出て来ることによって脅かされたために、日清戦争がはじまったのです。

日露戦争もそうなのです。日露戦争の時も日本は、はっきりと「朝鮮を植民地化する」という前提に立っていました。確かにその時のロシアは、中国の東北部まで進出していました。しかし、朝鮮にまで手を伸ばして、植民地化しようとしていた証拠はありません。

日露戦争中の一九〇五年には、保護条約を結んで、韓国の外交権をすべて、日本が奪ってしまいました。世界中から韓国の大使館、公使館が消えたのです。日本の統監である陸軍大将が、韓国を全面的に支配するという方向に持っていったのです。

その頃、日本はアメリカやイギリスと密約をかわしていました。アメリカがフィリピンを領有しようとしたことに対して、日本は文句を言わない。その代わり、朝鮮に対する日本の行動にアメリカは文句を言わない。

イギリスとは日英同盟を結んで、イギリスのアジアでの植民地支配を日本は認める。ただし、日本が朝鮮を植民地化することにイギリスは文句を言わない。朝鮮の植民地化に向けて、そういう交渉を日本は着々と重ねたのです。

ロシアとは、このような折り合いがつかなかったために、戦争が起こったのかもしれません。そういう意味では、日清戦争も日露戦争も、「朝鮮半島の日本支配」が本当の原因だったと思います。

被害者であった韓国、朝鮮の人たちは皆それがわかっているのです。

だから、伊藤博文は安重根《アンジュングン》によって射殺されたのです。日本では、「安重根は伊藤博文を暗殺した極悪犯である」というようなことが言われますが、韓国、朝鮮の人々にとっては、安重根は英雄です。そういう見方の違いがあるのです。

こうしたことは、過去の歴史のなさしめる所ですから、我々、後世の人間としては、その過去の歴史をどう考えていくのかが課題です。

第二次世界大戦についても、皆さんは生まれていないか、私を含めて、子どもだったと思います。ですから、直接に責任をとることはできません。

けれども、日本の近代にそういうことがあったということを、知っておかなければなりませんし、また、そのことを正確に後の世代に伝えていかなければならないと思います。

「この歴史を今の日本人も知っている」ということで、韓国人も朝鮮人も中国人もロシア人も、安心できるのです。

過去の歴史を知った上で、仲良くしようではありませんか。知らないままでは、仲良くしていても、わだかまりは残るのです。

お互いに真実を知ろうとすることは可能です。

何が起こって、どういうことで、どういう人々が傷ついたのか、どういう人々が得をしたのか。

そういうことも含めて、共通の歴史認識を持つ努力、これが私は一番大事なことではないかと思います。


（平成二十三年三月二十一日　正行寺　春季彼岸会）

本稿は、平成二十三年三月二十一日の正行寺春季彼岸会における講演をもとに加筆し、再構成したものである。そのため、史料説明に不十分な点もあるが、ご海容を願いたい。

《参考文献》

・仲尾宏『朝鮮通信使と壬辰倭乱』二〇〇〇年　明石書店
・仲尾宏・曺永禄編『朝鮮義僧将・松雲大師と徳川家康』二〇〇二年　明石書店
・仲尾宏『朝鮮通信使－江戸日本の誠信外交－』二〇〇七年　岩波新書
・国際シンポジウム『松雲大師の渡日と戦後処理・平和外交』発表・討論論文集　二〇〇七年
・貫井正之『豊臣・徳川時代と朝鮮』二〇一〇年　明石書店
・ＮＨＫ「日本と朝鮮半島２０００年」プロジェクト編『日本と朝鮮半島２０００年』下　二〇一〇年　ＮＨＫ出版

四溟堂松雲大師石蔵碑

四溟堂松雲大師浮屠

資料解説　『松雲大師奮忠舒難録』

四溟堂松雲大師の戦中の活動を記録した『松雲大師奮忠舒難録』の日本国内の刊本は、私見の限り一八九四（明治二十七）年に『続史籍集覧』に「附松雲大師奮忠舒難録」と題して収められているのが初刊である。同書は東京の近藤活版所から発刊されており、近藤瓶城《へいじょう》が訓點を付している。ところでこの本の刊行にあっては本書の頭書（本文欄外）に瓶城自身が書き入れを行っている。それによるとまず冒頭に「松雲ハ黠僧（さとい、わるがしこい）ナリ」とのべ、大師の功績を語る書としてではなく朝鮮側の立場からのみ叙述された書であると断じている。

同じく頭書で、この本の刊行については、かつて竹添駐箚公使に随行して渡韓した木下真弘なる人物が本書を手にしていた、とある。ところが福羽美静《ふくばびせい》子爵という別人が、この書が陸軍将校の間で書写され、刊行の計画があると聞き及んで、適当な註釈を加えた上での刊行を勧めたので、近藤瓶城は自身の頭注を加えてこれを刊行する決意をし

『松雲大師奮忠舒難録』木版
表忠寺蔵

一七三九年に四溟堂松雲大師の五代目の法孫・南鵬禅師の取り持ちで申維翰が編集・制作した木版。壬辰倭乱当時の大師の行跡が記録されている。大師が二度にわたって加藤清正の陣中を偵察した記録である「陣中探偵記」や、明将都督劉綎との会談記録などで構成され、当時の宰相や名士たちに送った書簡文（景轍玄蘇に送った書札もあり）なども収録されている。

た、とある。この刊行事情にもある通り、瓶城の頭注は当時の日本人の歴史意識を反映した解釈であり、現代の研究水準から著しくかけ離れたものである。本書が戦前このような経過の中で日本人の目に触れていたことは誠に残念なことである。現在、本書は戦後あらたに刊行された『続史籍集覧』（一九七〇年・同刊行会刊）の第八集に収められている。勿論、瓶城の頭注は省かれている。

なお同書の附録中には、一七一九（享保四）年に朝鮮通信使の製述官として来日し、『海遊録』を残した青泉申《シン》維翰《ユハン》の「新刻松雲大師奮忠紓難録跋」も付されている。

また貫井正之氏によれば、『松雲大師奮忠紓難録』の朝鮮刊本は十七世紀前半より存在したが、一七三九年に改めて刊行されており、上記の申維翰の「新刻」本はこの年の刊行本をさしていると見られる。

（仲尾　宏）

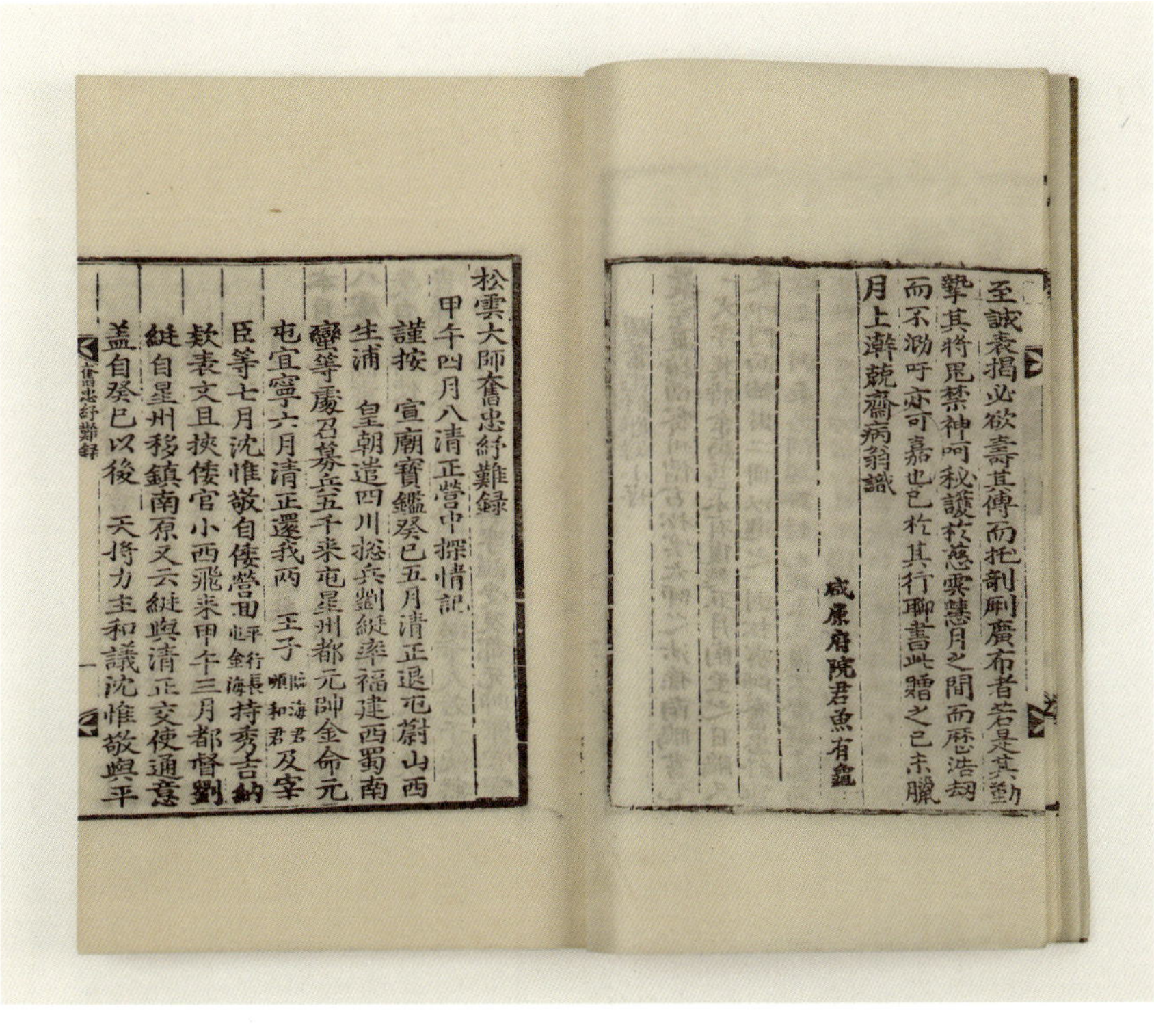
至誠表揭必欲壽其傳而把剞劂廣布者若是其勤
摯其將毘禁神呵秘護於慈雲慧月之間而歷浩刧
而不泐吁亦可嘉也已於其行聊書此贈之己未臘
月上澣兢齋病翁識
咸原府院君魚有鳳

松雲大師奮忠紓難録
甲午四月入清正營中探情記
謹按　宣廟寶鑑癸巳五月清正退屯蔚山西
生浦　皇朝遣四川摠兵劉綎率福建西蜀南
蠻等處召募兵五千来屯星州都元帥金命元
屯宜寧六月清正還我兩　王子 臨海君 順和君 及宰
臣等七月沈惟敬自倭營回 平行長 金海 持秀吉納
欵表文且挾倭官小西飛来甲午三月都督劉
綎自星州移鎮南原又云綎與清正交使通意
蓋自癸巳以後　天將力主和議沈惟敬與平
奮忠紓難録　一

『松雲大師奮忠紓難録』
表忠寺蔵
表忠寺所蔵の原版を用いて制作された木版本。同じ版木で制作された木版本が直指寺にも所蔵されている。

道不足知音徒勞側耳
渾波瀾不同出一源
一念回機便同本覺
自力二他力自力謂一念回機便同本覺
歸依慈父十念功成者也西方有國曰
河沙菩薩

『松雲大師奮忠紓難録』 直指寺蔵

本妙寺　胸突雁木

松雲大師と日真上人、その心の交流

池上　正示

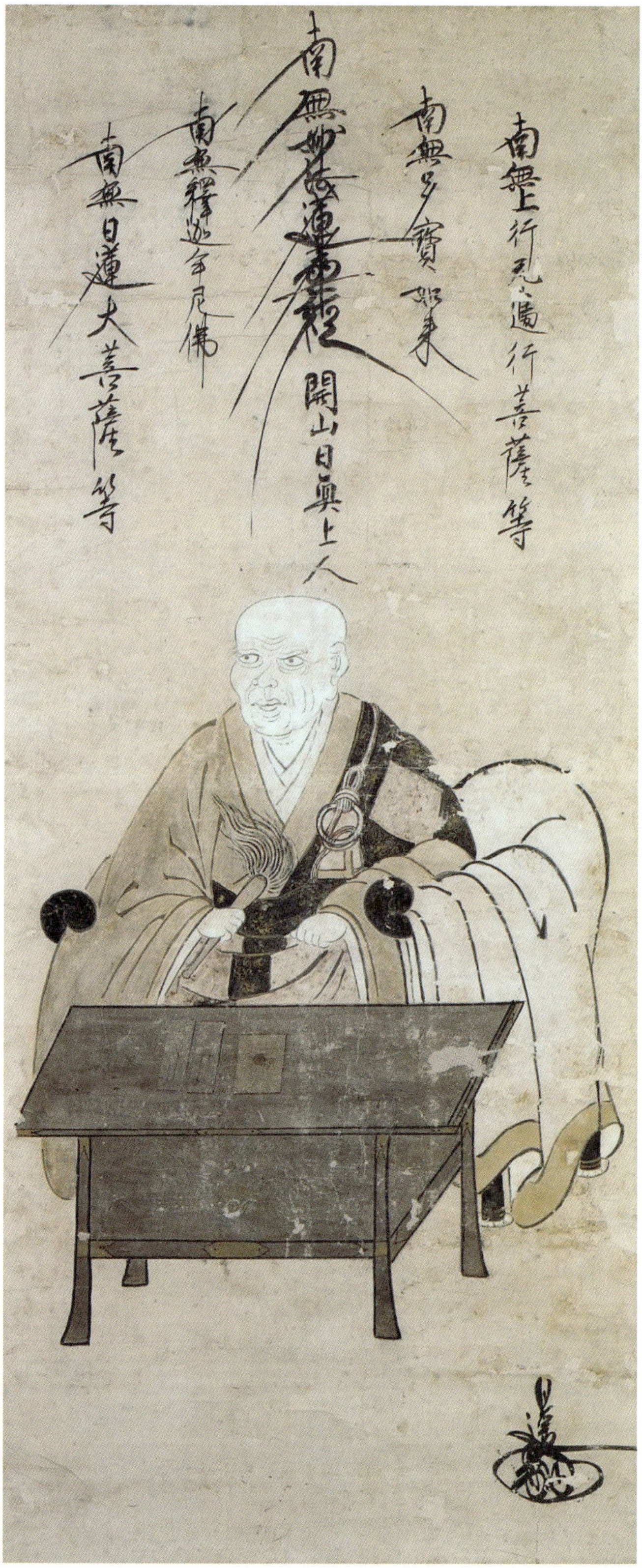
南無上行无邊行菩薩等
南無多寶如来
南無妙法蓮華經
開山日眞上人
南無釋迦牟尼佛
南無日蓮大菩薩等

日真上人像　本妙寺蔵

◆はじめに

清正公を祀る日蓮宗寺院、熊本市本妙寺の文化財を保存・展示する本妙寺宝物館には、文禄の役（壬辰倭乱）において、加藤清正と外交交渉を重ねた朝鮮の傑僧、松雲大師が、本妙寺の第一世（初代住職）日真に送った四通の書状が伝来する。

本稿ではこの松雲大師の遺墨を読みながら、松雲大師と日真との交流について考察する。なお、加藤清正は歴史上の人物としては「清正」、信仰の対象としては「清正公」と表記する。

◆日真上人と加藤清正

日真は一五五八（永禄元）年、下総の佐倉（現在の千葉県佐倉市）で生まれ、幼少期から、後に法華宗（「日蓮宗」の呼称は明治以降）の総本山、身延山久遠寺の法主となる日乾上人の下で修行と学問に励み、やがて京都の妙伝寺住職に推挙された。

ちなみに文禄の役の時、加藤清正によって日本に連れて来られた余大男《ヨデナム》こと、後の本妙寺第三世日遙《にちよう》上人も、京都の本圀寺（当時は本国寺と表記）の檀林（僧侶を養成する学校）で、日乾の下で学んだ。

やがて、一五八五（天正十三）年、加藤清正が、亡父清忠の菩提を弔うため、摂津に本妙寺を建立すると、清正は日真を本妙寺の開山上人に迎えた。

一五六二（永禄五）年生まれの清正は、まだ二十歳を越えたばかりであったが、少年時代から羽柴（豊臣）秀吉に仕えて戦功を重ね、秀吉が柴田勝家を破り、織田信長の後継者として全国制覇の大勢を握った一五八三（天正十一）年の賤ヶ岳の戦いでは、七本槍の一人として三千石を与えられた。

母いとの影響で、幼いころから法華宗の寺に学んで基礎教養を身に付けた清正は、熱心な法華の信者であり、四歳年長の日真を、単に開基檀越と開山上人の関係に止まらず、自らの信仰の師として、乱世の苦難を乗り越えるための祈禱修法の導師として、政治顧問として、終生信頼した。

一五八八（天正十六）年、清正が秀吉から肥後（熊本県）北半分の領主に抜擢されると、日真も清正に従って肥後に入り、摂津の本妙寺は熊本城内に移転した。

一五九二（文禄元）年、国内を制覇した豊臣秀吉は、諸大名に朝鮮への出兵を命じた。清正は一万の兵を率いて対馬海峡を渡った。緒戦は日本軍が優勢で、小西行長・宗義智《そうよしとし》率いる第一軍と、加藤清正・鍋島直茂率いる第二軍は、先陣を競いつつ王都漢城《ハンソン》（現在のソウル）を陥落させ、その後、第一軍は平壌《ピョンヤン》を攻略し、清正軍は咸鏡道《ハムギョンド》を北上して会寧《フェリョン》で、臨海君《イムヘグン》・順和君《スンファグン》の二王子を捕らえ、明を攻略する道筋を求めて兀良哈《オランカイ》（現在の吉林省）に侵入し、女真人とも戦闘を交えた。しかし、各地で義兵が蜂起し、李舜臣《イスンシン》提督が率いる朝鮮水軍が日本軍の補給路を脅かし、明軍が参戦するにおよんで日本軍は後退する。

平壌は明軍に奪還され、清正軍は咸鏡道から漢城の守備に召還され、同時に進行していた明との和議によって、日本軍は漢城を明け渡して釜山《プサン》に退き、清正は二王子を返還する。しかし、朝鮮南部の割譲を要求する秀吉は、和戦両様の構えで慶尚南道《キョンサンナムド》の晋州城《チンジュソン》攻略を命じ、清正以下の諸大名は朝鮮南部を制圧するため、南部沿岸地帯に倭城を築いて長期戦に備えた。清正は一五九三（文禄二）年、慶尚南道の西生浦《ソセンポ》に倭城を築いて駐屯する。

本妙寺第三十四世、金崎恵厚師（一八七三―一九二六）が著し、前住職で筆者の師父、池上尊義が監修して復刻再刊した『肥後本妙寺』の「賜紫日真上人伝」文禄の項には、

同三年甲午、上人道契の余、往て陣中に戦勝の祈禱を修す。

とある。この時期、日真は深い信仰の契りを結んだ清正の身を案じ、朝鮮の陣中（おそらくは西生浦倭城）に赴いて戦勝祈願の祈禱を行った、との記述だが、日真が清正のためになしたことは、祈禱だけではなかった。

◆松雲大師と日真上人の交流

松雲大師は一五四四（天文十三）年、慶尚道密陽《ミリャン》（現在の密陽市）に生まれ、幼いころから学問に励み、漢詩文に秀でた。官途を選ばず仏門に入り、行学に励んで高僧と謳われていたが、四十九歳の時、文禄の役（壬辰倭乱）が勃発する。

当初、松雲大師は侵攻する日本軍に仏道を説いて戦禍を食い止めようと試みたが、やがて、王命を受けて僧侶からなる二千名余りの義勇軍、義僧兵を組織し、司令官となって日本軍と戦い、戦功をあげる。

一五九四（文禄三）年、その才能と胆力を見込まれ、西生浦倭城に拠る加藤清正のもとに、講和の使節として派遣される。

その目的は、

一、小西行長が明の謀将・沈惟敬《チェンウェイチン》と謀り、朝鮮の頭越しに秀吉・明の双方に都合の良い和議の条件を捏造したために生じた情報の混乱を質し、秀吉の真意を確認する。

二、清正を懐柔し、小西行長と離間させ、日本軍を分断して撤退に追い込む。

だったが、その時、清正の側で交渉の任に当たったのが日真だった。

交渉は一五九四年四月、同年七月、十二月の三回にわたった。三回目の交渉で清正が会見を拒否して決裂するが、松雲大師側は、

一、秀吉は朝鮮への領土的野心を諦めておらず、秀吉の要求する条件では、講和は成立しない。

二、清正と行長との関係は非常に険悪。

という確証を得ることができた。

その経緯は『加藤清正―朝鮮侵略の実像―』（北島万次著）に詳述されている。

ここでは本妙寺に伝来する、交渉の過程で松雲大師が日真に送ったと考えられる書状を見ながら、大師と日真の交流を推測する。

次の書は第一回目の会談の時に、松雲大師が日真に送ったものと考えられる。漢文に長けた僧侶である二人は、

言葉は通じなくても、文章で意志の疎通が可能であった。

「松雲大師送日真辞（一）」（大意）

示

日本国の高徳の僧侶、日真師よ。私たちは互いに違う国に生まれ、姿形も異なりますが、心に一つの法を抱いているはずです。すなわち、お互いに、師を同じくし、お釈迦様がお示しになった仏法を自らの道としているのです。どうして生国と姿形を異にするといっても、お互いの心を異にすることがありましょうか。願わくは、同じ仏道に帰依する私のこの書を、お読みになってお考えください。

お互い同じ浄土の主、お釈迦様の教えを奉じる僧侶であることは、この上もなく喜ばしいことではありませんか。日真師よ、このことを、よくよくお考えください。

文禄三年四月十五日

朝鮮国大禅師四溟沙門北海松雲書

最初に「示」という文字があることから、この書には「相手に教えを示す」という意志が感じられ、文意からは、先輩が後輩を諭すような印象を受ける。当時五十一歳の大師には三十歳の日真に対して、仏門の先輩という自負があったであろうし、原文には大きな朱印が三ヵ所に捺されていて、国を代表する者の書であるという威厳をも示しているようだ。

しかし、『四溟堂　松雲大師』（呉在熙著）で述べられるように、その内容からは当初は仏道を説いて日本軍を止めようと試みた松雲大師の考えがうかがえる。清正の信任あつい日真に、仏の教えに立ち帰るよう諭すことで、戦争の早期終結を促そうとの思いが伝わってくる。

続いて、これと同日に松雲大師が日真に送ったものと考えられる書を挙げる。

松雲大師送日真辞（一）

本妙寺蔵

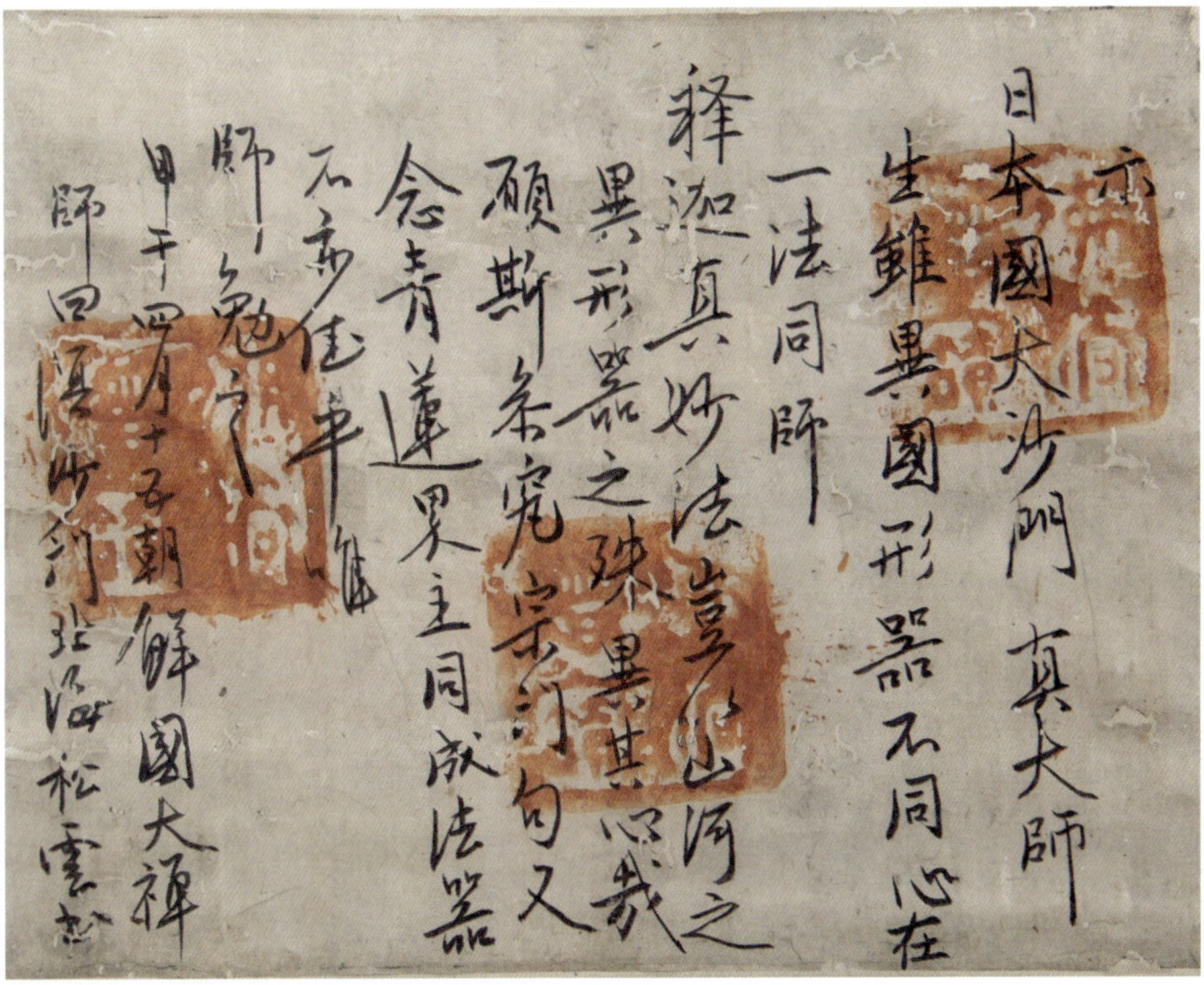

示
日本国大沙門真大師
生雖異国形器不同心在
一法同師
釈迦真妙法豈以山河之
異形器之殊異其心哉
願斯参究宗門句又
念青蓮界主同成法器
不亦佳乎唯
師勉之
甲午四月十五朝鮮国大禅
師四溟沙門北海松雲書

「松雲大師送日真辞（二）」（大意）

奉

日真大禅師よ、あなたは仏祖（お釈迦様）に帰依しておられる。私もまた同じです。（故に）私たちの心は、同じように邪心を抱かない境地にあるはずです。その私の言葉に、何で二言がありましょうか。

朝廷で高い官職に就いている人や、真人と崇められる道士や、お金や栄達を得ようとする人々には様々な欲がありますが、（そのような煩悩を絶った）本妙寺の日真上人は、（私にとって）真の友と呼ぶべき方です。

いつの日か、別の所で会う機会があったならば、その時にはお互いに、心の中に抱いている楽しみ（仏道）について語ろうではありませんか。

文禄三年四月十五日

朝鮮大禅師北海松雲拝

これは、最初の書が「示」で始まるのに対し、「奉」で始まり「拝」で結ばれている。このことから、これは対等以上の敬意を払った書式と言えよう。

日真は禅宗の僧ではないが、「禅師」とは、高徳の僧侶の呼称として用いられており、日本では朝廷から授けられる称号でもあるので、松雲大師は日真に同じ僧侶として礼節の気持ちを込めていることがうかがえる。

これは外交辞令ばかりとはいえず、大師は、日真は僧侶としても道心堅固であり、対等に話のできる人物だとみなしていたことが、次の二つの書状からもうかがえる。

「松雲大師法語」（大意）

畏友（日真師）よ。

私があなたと相見える時には、何の他意もありませんよ。ハッハッハッハッハッ、そんなことは、日真師はとうにご存じのことでしょう。

文禄三年十二月二十三日

松雲が言う

松雲大師送日真辞（二）

本妙寺蔵

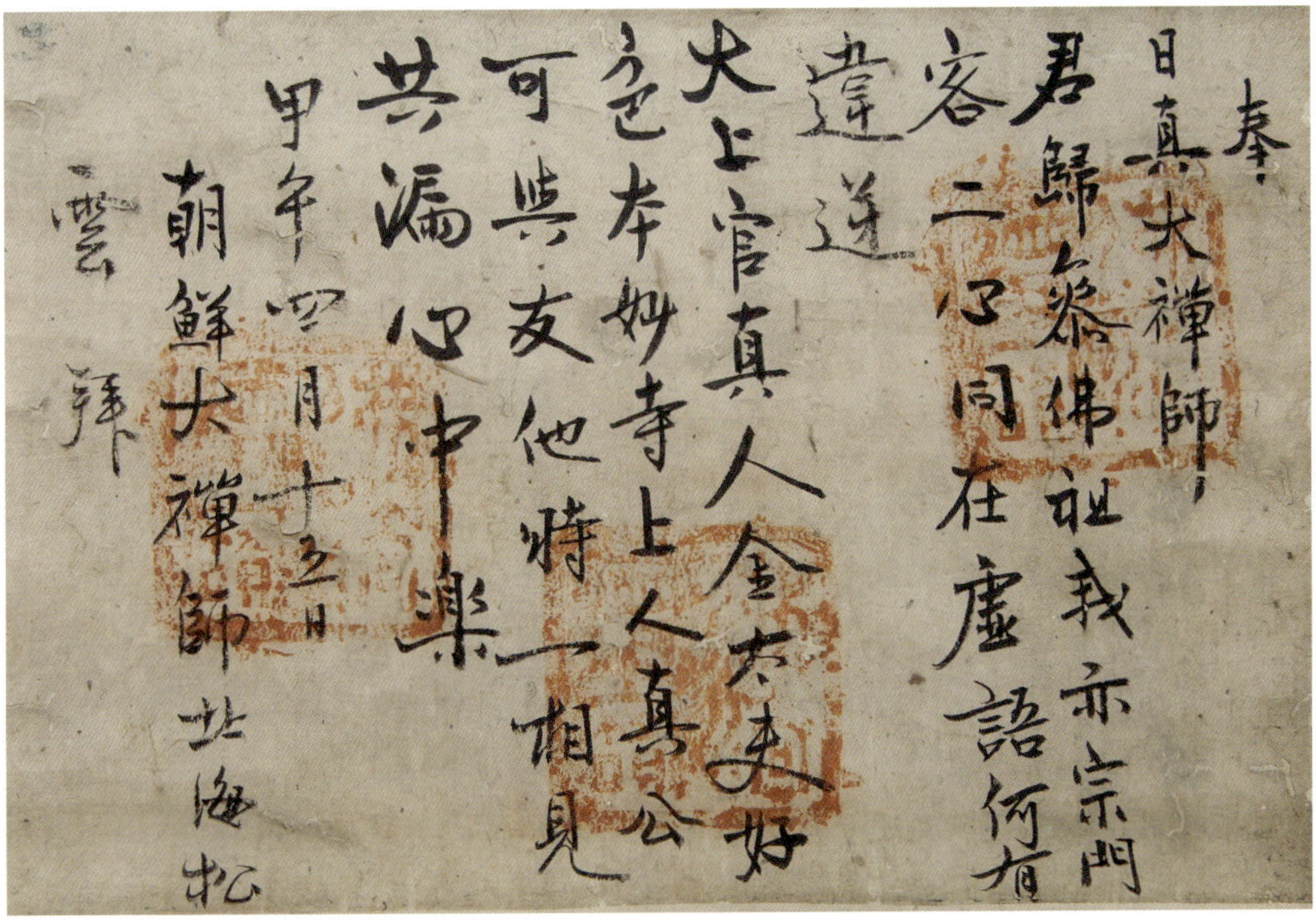

奉
日真大禅師
君帰参仏祖我亦宗門
客二心同在虚語何有
違逆
大上官真人金太夫好
色本妙寺上人真公
可与友他時一相見
共漏心中楽
甲午四月十五日
朝鮮大禅師北海松
雲拝

この書は最後の交渉となった十二月に、日真に送られたものと考えられる。

『加藤清正―朝鮮侵略の実像―』によれば、当初、十一月に約束されていた会談が、松雲大師の病気で日延べとなり、その間、明と小西行長との間で和議が進んだため、松雲大師が行長とも通じていると疑った清正は、大師との会見を拒否し、講和は決裂する。その折、松雲大師は弁明とともに、二王子の書と鷹子・豹皮の贈物を清正に献じた。二王子の書は本妙寺に伝来し、現在、宝物館に収蔵されている。清正との交渉は決裂したものの、この書からは、日真に対する友人のような親しみと信頼が見て取れる。「呵呵呵呵」という擬声語を用い、「松雲道」というくだけた結びとなっている。

なお、八代市立博物館学芸員の鳥津亮二氏はこの文書を『清正公四百年遠忌記念　加藤清正と本妙寺の至宝展』の図録解説で、「あなたと顔を合わせたら、別れる気になりませんね」と訳している。

松雲大師はどのようにして、日真と信頼関係を築いたのだろうか。日付を欠くが、参考となるのが次の書である。

「松雲大師示日真法語」（大意）

私（北海松雲）が、仏道について考えるところを、日真上人にお示しいたします。

日本国の高徳の僧侶である日真師よ。

いわゆる人間に、生来備わっているとされる仏性というものは、衆生の生命の根源であります。諸の仏たちが作仏（成仏）された本をただせば、諸仏は菩薩乗のみが仏になれるという一乗の教えや、菩薩乗・声聞乗・縁覚乗が無条件で仏になれるという三乗の教えによってではなく、声聞乗・縁覚乗も『法華経』の功徳によって成仏するという二乗作仏の教えに導かれて仏となられたのです。この、神変不可思議で深遠な、妙なる仏道の神髄は、私たちには測り知れない境地であり、言葉では言い表すことのできない世界です。

お釈迦様はこの仏道の神髄を、強いて法性とおっしゃ

料金受取人払郵便

福岡支店
承認

50

差出有効期間
2014年2月28
日まで
（切手不要）

郵便はがき

810-8790

171

福岡市中央区
長浜3丁目1番16号

海鳥社営業部 行

通信欄

通信用カード

このはがきを，小社への通信または小社刊行書のご注文にご利用下さい。今後，新刊などのご案内をさせていただきます。ご記入いただいた個人情報は，ご注文をいただいた書籍の発送，お支払いの確認などのご連絡及び小社の新刊案内をお送りするために利用し，その目的以外での利用はいたしません。

新刊案内を［希望する　希望しない］

〒　　　　　　　　　☎　　　（　　　）

ご住所

フリガナ

ご氏名

（　　　　歳）

お買い上げの書店名　　　　**四溟堂松雲大師**

関心をお持ちの分野

歴史，民俗，文学，教育，思想，旅行，自然，その他（　　　　）

ご意見，ご感想

購入申込欄

小社出版物は，本状にて直接小社宛にご注文下さるか（郵便振替用紙同封の上直送いたします。送料無料），トーハン，日販，大阪屋，または地方・小出版流通センターの取扱書ということで最寄りの書店にご注文下さい。なお小社ホームページでもご注文できます。http://www.kaichosha-f.co.jp

書名		冊
書名		冊

松雲大師法語
本妙寺蔵

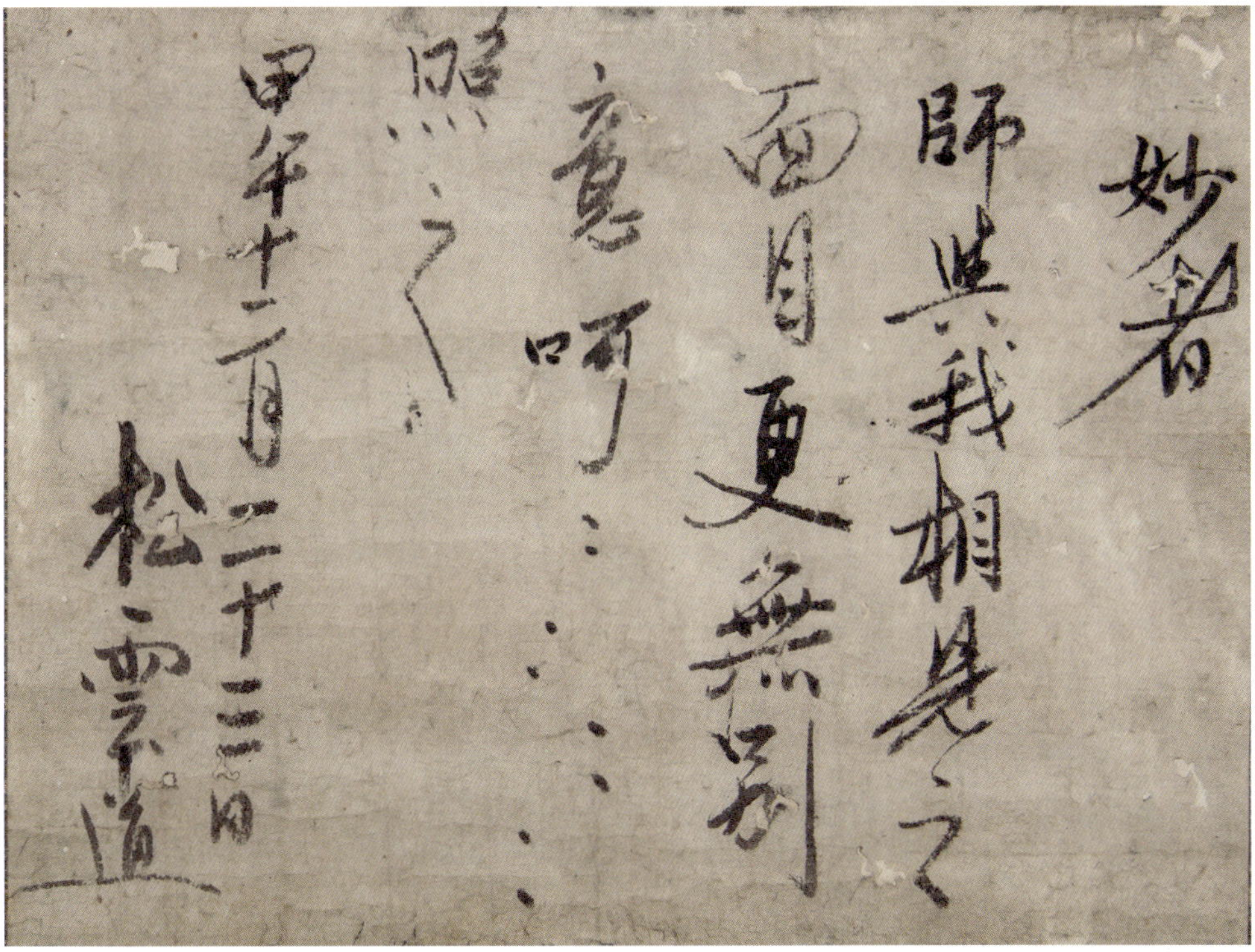

妙者
師与我相見之
面目更無別
意呵呵呵呵呵
照之
甲午十二月二十三日
松雲道

いました。また、覚性ともおっしゃいました。事物が有する真理を法性といい、衆生が本来備えている悟りの本質を覚性といいます。それぞれ呼び名は異なりますが、お示しになっている道は一つです。深遠で妙なる仏道の神髄とは、即ち（『法華経』の功徳による）二乗の作仏のことなのです。それ故に、人は『法華経』の教えによらずにやみくもに修行を重ねても、無条件で成仏することはできませんから、世間で聖人と崇められるほどの修行を積んだという人が、そこかしこにいたとしても、世界が仏で充満するということにはならないのです。

ですが、『法華経』の教えに従って正しい修行を重ねれば、その功徳によって、声聞・縁覚といった、本来、自分だけのための修行を重ねていた人々でも成仏できるのですから、凡人ばかりのこの世界でも、仏が減るということはないのです。これが、深遠で妙なる仏道の神髄といえましょう。

四溟沙門北海松雲書

どこまで正確に訳し得たか疑問だが、この書が、声聞・縁覚といった、現世への執着を絶った修行者（阿羅漢）ではあるものの、現実逃避的・自己中心的な修行に終始し、利他の行を忘れているが故に、成仏できないとされていた二乗の行者でも、その功徳によって成仏できるとする「二乗作仏」を説いた、『法華経』を讃えたものであることは、間違いないと思う。『法華経』は日蓮大聖人を宗祖とする法華宗（日蓮宗）の所依の経典であり、日真は法華宗の僧侶であった。

法華宗は中国から日本に伝来した天台宗を基に、日本で独自の発展をとげた鎌倉新仏教の一つであり、松雲大師は日真が法華宗の僧侶であり、加藤清正が、熱心な信者であることを知悉《ちしつ》して、この書を日真に示したものと考えられる。

後に松雲大師は戦乱の記録を『奮忠紓難録』という著書にまとめているが、それによれば、大師は交渉に臨む際、日本側の人物を事前によく調査していたそうだ。

故に日真に対しても、自分が学んだ天台学等の学識を活用し、法華宗の信仰を理解した上で交渉に臨んだこと

松雲大師示日真法語

本妙寺蔵

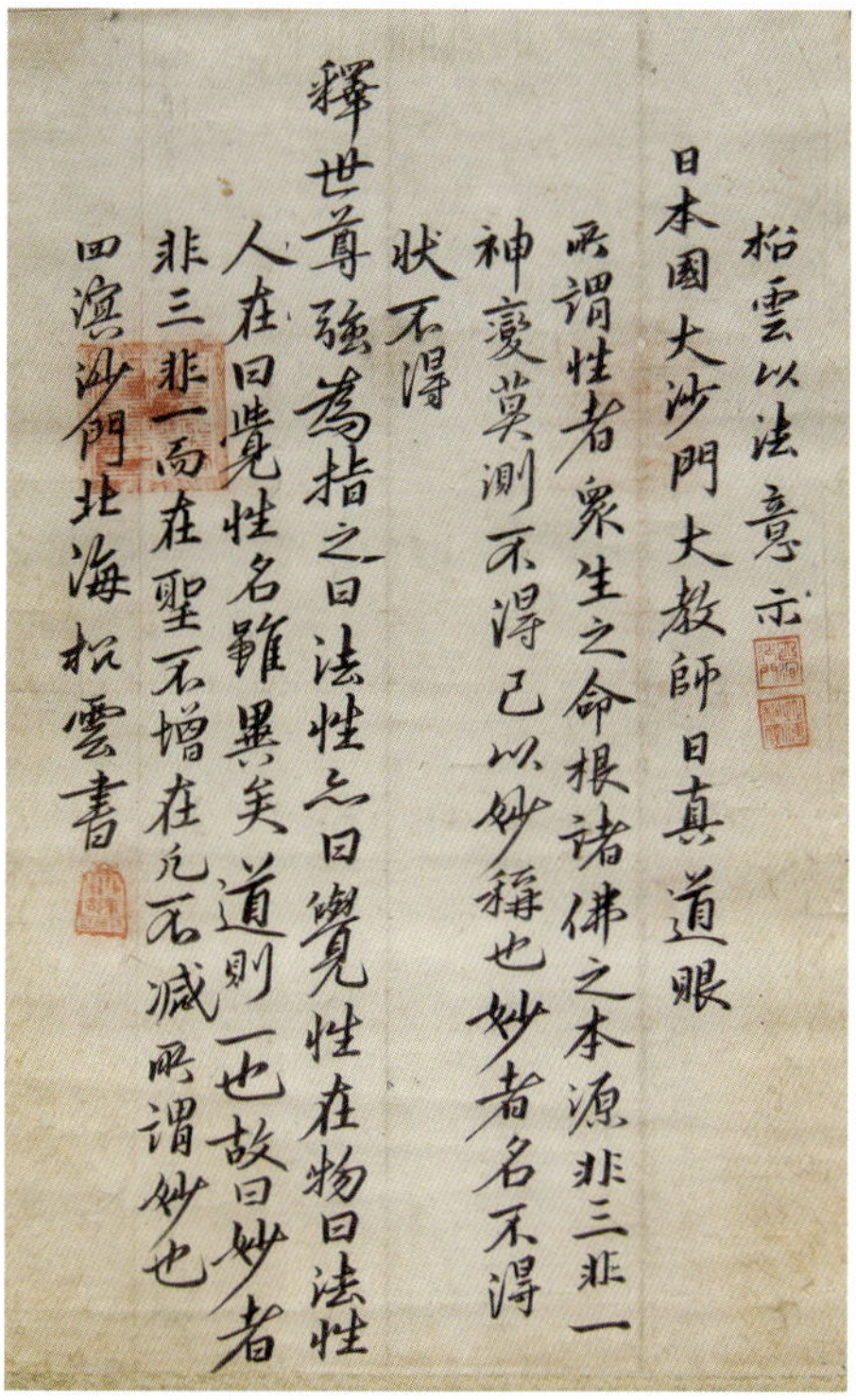

松雲以法意示（朱印）（朱印）
日本国大沙門大教師日真道眼
所謂性者衆生之命根諸仏之本源非三非一
神変莫測不得已以妙称也妙者名不得
状不得
釈世尊強為指之曰法性亦曰覚性在物曰法性
人在曰覚性名雖異矣道即一也故曰妙者
非三非一而在聖不増在凡不滅所謂妙也
四溟沙門北海松雲書（朱印）

が、この書からうかがえる。

この書はおそらく、第二回目の七月の交渉の時に、日真に送ったものではないかと推測する。

『加藤清正―朝鮮侵略の実像―』によれば、この時の交渉は七月十日から十六日に及んだ。その過程で松雲大師と日真は、お互いの学識と道心を認め合うようになり、時に外交交渉を離れて仏道についての所感を交わすような信頼関係を築いたものと思われる。

日真から松雲大師に宛てた書簡が、韓国に現存しないとされているのは残念だが、日真からも、松雲大師に対して仏道に対する所感や質問が寄せられたことは、この書が返信の形であることからも間違いない。

そして、以上の資料から推測できる重要なことは、交渉の決裂とは別に、清正は、日真と松雲大師との僧侶としての交流には、干渉しなかったと考えられることだ。

◆日真上人のその後

文禄の役と、その後の朝鮮再出兵（慶長の役）は、豊臣秀吉の死によって一五九八（慶長三）年に終結し、清正も日本に帰還する。そして『肥後本妙寺』の「賜紫日真上人」には、次のように記されている。

清正凱旋して以て近衛尹公に告く。同十年乙己（巳）、尹公遂に後陽成天皇に奏す。帝之を嘉して紫袍を賜ひ、勅して山門永世の法服となす。

帰国した清正は直ちに、親しくしていた公卿で、後に関白となる近衛信尹《このえのぶただ》に、日真に天皇の勅許で着用が認められる紫衣の着用が許されるよう根回しを頼み、やがて一六〇五（慶長十）年、信尹の奏上により、時の後陽成天皇から日真に紫衣の勅許が下り、あわせて本妙寺は天皇の祈願寺である勅願道場に昇格し、歴代の本妙寺住職には紫衣の着用が認められることとなった。

勅願道場は奈良の薬師寺や東大寺、京都の本願寺等が著名であり、地方の一諸侯が建立した寺院が選ばれることは異例であった。これは、文禄・慶長の役（壬辰倭乱・丁酉再乱）において、戦場でも政争でも幾多の危機を乗り越えた清正が、いかに日真に感謝していたかの証左といえよう。

当時、一六〇〇（慶長五）年の関ヶ原の戦いで徳川家康に付いた清正は、石田三成に与して破れた小西行長の所領をも併せて肥後一国の太守となり、一六〇七（慶長十二）年に熊本城を完成させた。一六一一（慶長十六）年には、豊臣秀頼と家康との二条城会見での大役を果たし、その後、肥後熊本城で数え年五十歳の生涯を閉じた。

その間日真は、清正の支援の下、キリシタン大名から法華宗に改宗した大村正純が、その所領、肥前大村（現在の長崎県大村市）に建立した本経寺や、現熊本市の妙永寺（清正の母いと、聖林院殿天室日光大尊尼の菩提寺）、本覚寺、法宣寺、現宇土市の法華寺の開山を歴任し、本妙寺住職を引退後は京都に隠棲し、一六二六（寛永三）年、七十二歳で遷化したとされている。その説に対して私の師父、池上尊義は、本妙寺に伝来する資料、本妙寺第七世、玄収院日顗上人〔一七〇九（宝永六）年遷化〕の『中尾四無碍谷妙楽寺記』に依拠し、異説を『肥後本妙寺』の補遺に述べている。

それによると、清正の在世中に本妙寺の後事を、第二世妙雲院日繞上人に、その早世後は、弟弟子の本行院日遙上人（余大男）に第三世を託した日真上人は、熊本城西郊の中尾山（現在の本妙寺山）に妙楽寺という草庵を結び、そこで読経三昧と後進の育成に当たったとされている。

清正が死去した後、その遺命により中尾山の中腹に葬られたのは、その地が心血を注いで完成させた熊本城天守と同じ標高であったというだけではなく、信仰の導き手であり、良き顧問であった日真に菩提をも弔ってほしいという、清正の願いの表れであったと師父は考察している。これも、清正と日真との深い信頼関係を物語る異聞といえよう。

本妙寺は一六一四（慶長十九）年、火災を機に熊本城内から中尾山に移転し、ここに名実ともに清正の菩提寺となった。

その後一六三二（寛永九）年、加藤家は二代忠広の時に改易となるが、本妙寺は第三世日遙の尽力で、肥後が細川家の領国となってからも存続し、庶民の人気と信仰を集めた人間神「せいしょこさん」（清正公の愛称）を祀る寺として、今日に至っている。

◆松雲大師のその後

文禄・慶長の役（壬辰倭乱・丁酉再乱）の終結後、日朝の国交は一時断絶したが、徳川幕府と、特に対馬の宗氏は朝鮮との交易再開を願い、朝鮮王朝も、日本の新たな支配者となった徳川幕府の真意、朝鮮侵略の意志の有無を探る必要に迫られていた。

そこで、朝鮮は一六〇四（慶長九）年、戦中に義僧兵の将として、外交僧として名を馳せた松雲大師を、敵の状勢を探る「探賊使」に任命して日本に派遣した。

対馬を経て来日した松雲大師は一六〇五（慶長十）年、

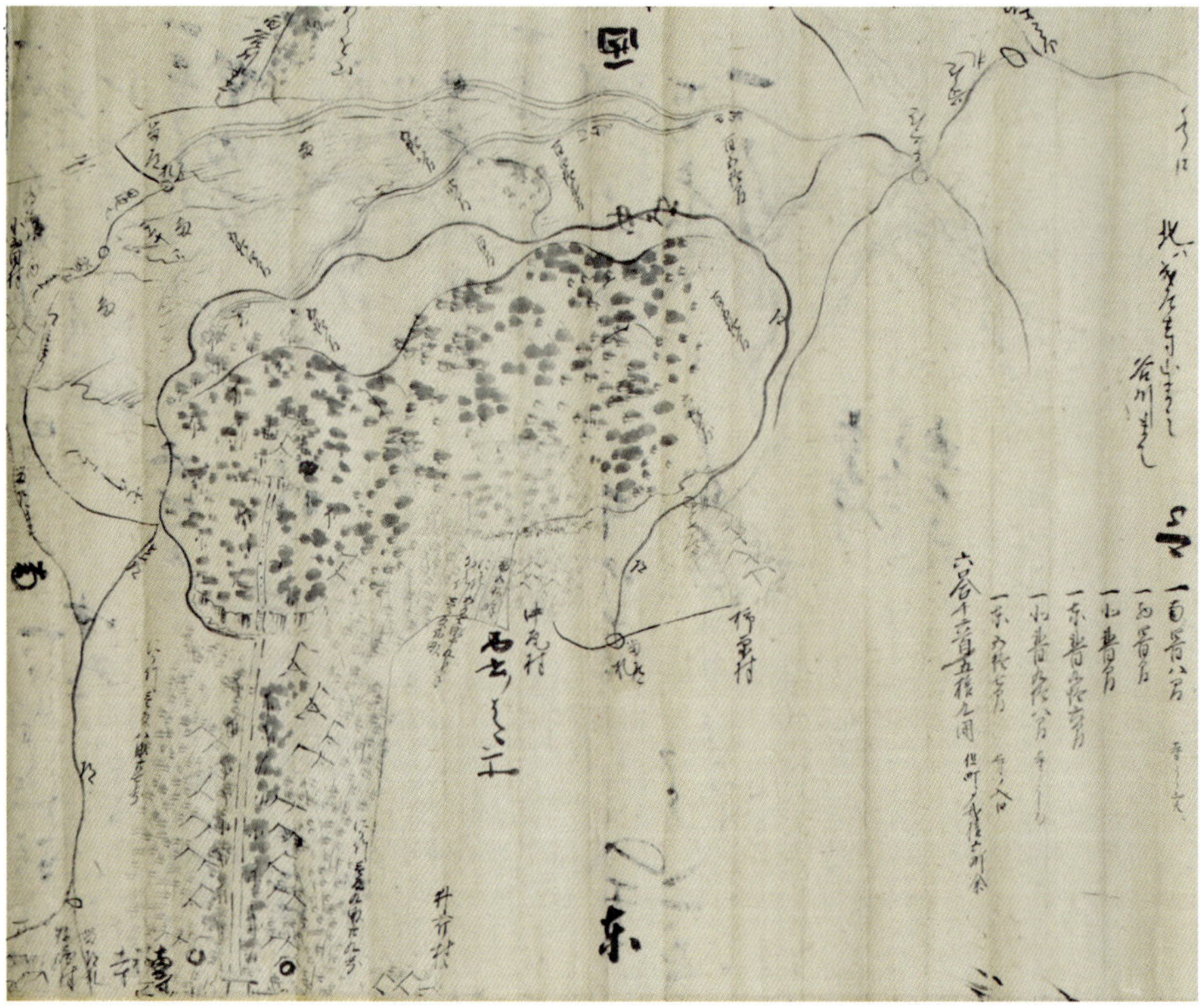

本妙寺領山絵図
一六三二（寛永九）年ごろ
本妙寺蔵

京都の伏見城で徳川家康との会見に臨んだ。大師は侵略の不当を堂々と訴え、家康はそれに同意し、国交回復を希望した。ここに両国の和平交渉は成功し、大師は日本に抑留されていた多くの同胞を伴って帰国した。

近畿大学元教授の李元植氏は、松雲大師が家康との会見に臨むまでの間、滞在した京都で漢詩文に秀でた高僧として歓迎され、多くの僧侶や公卿等の知識人たちと、積極的な文化交流を行ったことを指摘し、そこで得た名声と、日本でも知られていた戦中の勇名とが相まって、朝鮮との交易再開を望んでいた家康は、大師を国賓として遇せざるをえなかったと分析し、これを松雲大師の「文化外交の勝利」と評している。

松雲大師は一六一〇年、六十七歳で遷化したが、救国の英雄として、そして一六〇七（慶長十二）年から始まり、江戸時代を通じて十二回派遣された平和と文化交流の使節、朝鮮通信使のさきがけを果たし、両国間の平和の礎を築いた傑僧として、韓国では現在でも崇敬を集めている。

本妙寺山景図
一八五九（安政六）年
本妙寺蔵

本妙寺　全景

◆おわりに

「伝李舜臣筆七言詩」（大意）

広大な山河を描いた素晴らしい絵が出来上がった。澄み渡る空も佇む木々も静寂に描かれて、鳥の声も聞こえないかのようだ。

桃の花も年毎にそこに咲くかのように美しい色を付け、雲は動かずとも、草は本物のように青く描かれている。

※参考：帝京大学准教授・中村昌彦氏訳文

この七言絶句は「舜臣」の署名と桐箱の表書から、本妙寺では朝鮮の名将・李舜臣《イスンシン》の書と伝えられている。

二〇〇六年に韓国の忠州文化院で熊本日韓文化交流研究会から紹介させていただいたところ、韓国のメディアに大きく取り上げられた。

李舜臣は、文禄・慶長の役（壬辰倭乱・丁酉再乱）で朝鮮水軍を率いて日本軍を悩ませ、韓国で「聖将」と讃えられる救国の英雄だが、その書が本妙寺に伝来した経緯はわかっていない。

私は、この書は松雲大師からもたらされたものと推測している。松雲大師は来日した時、京都の法華宗の名刹、本法寺に滞在して文人墨客と交流した。

京都には同じく法華の大本山で、日真の師・日乾が檀林を開き、当時、日真の弟弟子で後の本妙寺三世・日遙が学んでいた本圀寺（本国寺）がある。

そのような縁で、松雲大師と日真・日遙が京都で相見えた可能性は否定できない。この七言絶句は本来、屏風に描かれた山水画の賛であったと考えられ、当初は屏風ごと贈呈された可能性もあるが、たとえ清正に献上したものと仮定しても、交渉の過程で、現に戦闘中の敵将の書を贈るとは考え難い。

そうなると、この書が李舜臣提督の真筆だとすれば、やはり来日した松雲大師から日真を経てもたらされたものと考えるのが、自然であろう。

大師は清正や日真に、この平穏で晴朗な詩を示すことで、身命を賭して日本軍と奮戦した勇将〔李舜臣は一五九八（慶長三）年、戦争の最終盤で戦死〕の、一人の人間としての姿を見せようと考えたのだろうか。「松雲大師送日真辞（二）」で、大師が日真に語った「他時一相見、共漏心中楽」の宿願は、このような形で果たされたのだろうか。

一方で、この書は朱印が、李舜臣の号「汝諧」ではなく「越山」であること等、真筆と断じるには若干の疑義があり、韓国の学会でも意見が分かれていると聞く。

熊本日韓文化交流研究会による、本妙寺文化財の一斉調査も軌道に乗り、日本でも研究の機運が高まりつつある今日、今後の両国での研究の成果が待たれる。

以上、駆け足で松雲大師と日真上人との交流の足跡をたどった。これ等の文化遺産は、戦乱の時代にも、人間同士の心の琴線にふれるような交流が存在したということを示していると言えよう。そして、日本と朝鮮においては、その文化的基盤が漢字と仏教であったということが、これからの東アジアにおける平和の構築にも示唆を

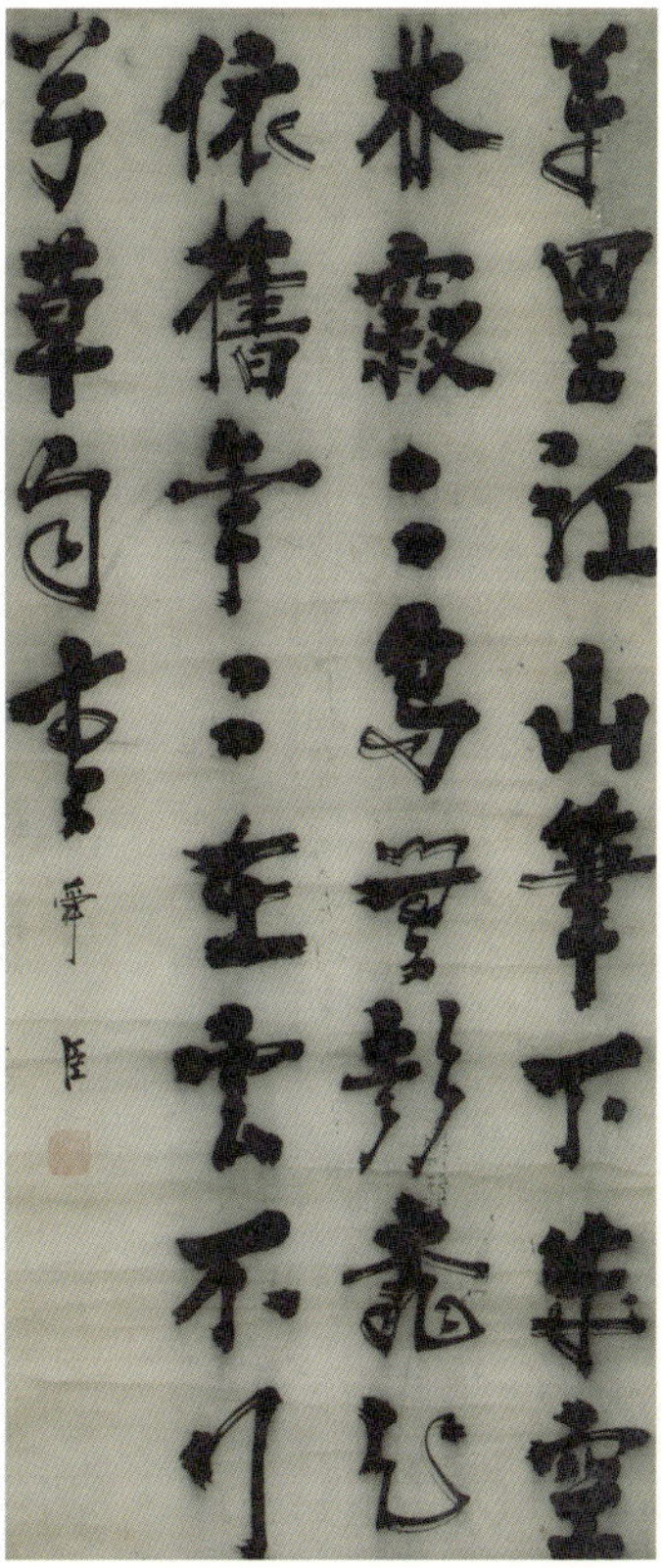

伝李舜臣筆七言詩
本妙寺蔵
熊本日韓文化交流研究会撮影

万里江山筆下成（歳）空
林寂寂鳥無声桃花
依旧年年在雲不行
寧草自青（愛）　舜臣（朱印）

与えているように思う。このことは、私たち仏教を信じる者が宗派を超えて、世界平和の実現のために共有すべき認識ではないだろうか。

著者は「加藤清正公と本妙寺の文化遺産を守る会」常任理事・熊本日韓文化交流研究会会員。本稿は、二〇〇八年五月十一日に熊本市西山中学校で開催された〝清正&松雲大師&朝鮮通信使〟の道　シンポジウム資料に寄稿した「松雲大師と日真上人―本妙寺に伝来する遺墨を中心にみた」に、識者の新たな見解を参考に修正を加えたものである。

※本妙寺宝物館は改修工事のため、二〇一四（平成二十六）年三月まで休館。

本妙寺

熊本県熊本市

一五八五（天正十三）年、加藤清正公が父君清忠公追善のため、日真上人を招き、摂津に一宇を建立、本妙寺と号す。天正十六年、清正公、肥後の大守となり、同十九年、本妙寺を熊本城内に移す。一六〇五（慶長十）年、後陽成天皇勅願道場の綸旨《りんじ》を下され、翌慶長十一年、永代紫衣を勅許される。慶長十六年、清正公、熊本城内にて薨去。遺言状により、城西中尾山の中腹（現在地）に御廟所を造営する。

《参考文献》

・北島万次 『加藤清正—朝鮮侵略の実像—』 二〇〇七年 吉川弘文館 歴史文化ライブラリー
・呉在熙 『四溟堂 松雲大師』（一五四四〜一六一〇年） 二〇〇八年 〝清正&松雲大師&朝鮮通信使の道〟シンポジウム資料
・金崎恵厚編 池上尊義復刻・増補 『肥後本妙寺』 復刻版 一九七四年 本妙寺刊
・熊本県立美術館編 『本妙寺歴史資料調査報告書』 古文書篇・美術工芸篇 一九八一年 本妙寺刊
・『宗教と現代』「清正公信仰」 特集（九月）号 一九八三年 鎌倉新書
・『朝鮮・韓国を正しく理解するために—熊本との関係を中心にして—』 社会啓発資料 部落解放くまもと第十号 一九八五年 所収 松本寿三郎「朝鮮通信使と文化交流」 池上尊義著「日遥上人のこと」
・松本寿三郎編 『江戸時代の熊本』 一九九四年 三章文庫 所収 森山恒夫「加藤家をめぐる人々—清正を中心に—」 吉村豊雄「細川氏の入国」
・RKS（岡山放送） 「朝鮮通信使四百年 松雲大師と海の道 日韓交流のあけぼの」 二〇〇五年放映
・『熊本城築城400年記念 激動の三代展—加藤清正・忠広・細川忠利の時代—』 図録 二〇〇七年 熊本県立美術館
・佐賀県立名護屋城博物館・韓国晋州博物館学術交流記念特別企画展 『秀吉と文禄・慶長の役』 図録 二〇〇七年
・『清正公四百年遠忌記念 加藤清正と本妙寺の至宝展』 図録 二〇一〇年

日真上人墓所
本妙寺

本妙寺歴代墓所

壬乱被虜、日遙上人

余信鎬

日遙上人像　本妙寺蔵

四溟大師が、壬辰倭乱・丁酉再乱（文禄・慶長の役）後に、講和使節として、また探賊使として、さらに刷還使（被虜人返還交渉使節）として対日交渉に当たったことは、日朝両国の善隣平和関係の成立に大きく貢献した。

しかし、この善隣平和が成立した裏には、戦争被虜人の苦痛が、重く、深く刻まれていたことを忘れてはいけない。当時、戦争の犠牲者として数万の朝鮮人が被虜になって日本各地に連行された。日本が数多くの朝鮮人を連行したことは、自国のための労働力の確保という側面もあるが、一方で過剰な被虜人は、奴隷として売買された。一説には長崎を通してヨーロッパまで売られたともいわれる。

そうした過剰な被虜人の殆どは、その名前さえ残されておらず、当時の日本水軍の中心地のひとつであった四国の徳島に「朝鮮女」とだけ刻まれた墓碑が残っていることは、その中でも幸いな例である。当時の被虜人達の実状は、『月峯海上録』を記した鄭希得《チョンヒドゥク》のように、被虜生活から脱出できた人物によって、悲惨な生活の様子が赤裸々に綴られたために、今日まで伝わっているのである。また、被虜人の中には、単純な労働力だけでなく、多様な技術や学識を持った人も交ざっていた。彼らの技量を利用して、日本各地で特産品が生まれたり、学問的な発展を遂げたりもした。

このような例は仏教関係にまで及んでいる。その良い例が熊本市にある本妙寺の日遙《にちよう》上人であろう。壬辰倭乱当時、朝鮮の慶尚道河東縣西良谷（今の河東郡良甫面朴達里）で少年・余大男《ヨデナム》が日本軍の被虜人になった。少年の父は余天甲《ヨチョンガ》（後に壽禧《スヒ》と改名）、母は蔡氏《チェシ》、祖父は得麟《トンニン》。独り子の大男には幼名以外に好仁《ホイン》という名前も付けられていた。

戦争中に父の天甲は日本軍の捕虜になった。その時、二十九歳。広島まで連行されて、一六〇一年に帰還したことになっている（『朝鮮王朝実録・宣祖』参照・後出）。祖父の得麟は戦闘中に負傷、後日それが原因で死亡したようである。即ち祖父、父ともに義兵として日本軍と戦ったようだ。この戦闘中に、大男は親戚の燈邃《ドゥンニョ》が住職だった近辺の普賢庵に身を隠していたが、加藤清正軍の高橋三左衛門に捕らえられた。一五九三年七月、大男十三歳の時のことである。

大男は以前からも普賢庵で燈遂に学問を学んだ（当時の朝鮮は仏教を抑圧し、儒教を振興する政策を採っていたが、僧侶は儒学者と並んで数少ない知識層であった）ようで、恐らくその時習った学問が彼の命を救ったものとみられる。戦争中最も激烈かつ凄惨であった晋州城戦闘の後、河東の普賢庵まで攻めて来た日本軍に捕らえられ、加藤清正の前に引きずり出された大男は、自身の力量を文章で表現した。わずか十三歳（『肥後国志』及び『続撰清正記』に八歳、『清正記』に九歳）の少年が晩唐の詩人・杜牧の漢詩「遠上寒山石徑斜、白雲生處有人家」（遠く寒山に上れば石径斜めなり　白雲生ずる処人家あり）[注1]を書いて自身を表現したのだ。大男の才を見出した清正は、自分の服を脱いで彼に着せた。

戦争中、清正の側近に補佐役として日真（字は慶傳、号は発星院《ほっしょう》）という僧侶がいた。当時の日本においても、やはり僧侶は知識層であり、朝鮮での戦争に随行した際は、筆談での通訳、情勢の分析と把握、文書作成のほか、本陣との情報伝達役も担当した。日真は戦争中に朝鮮の西生浦《ソセンポ》倭城で四溟大師と数回接触して講和会談をした人物である。その事実を証明する筆墨が熊本市の本妙寺に所蔵されている。その中には筆談中の返事を走り書きしたものもあり、四溟大師の人格と日真への信頼感が読み取れる。日真はそれらの書を本国に持ち帰り、今日まで本妙寺に大切に保管されている。こうした因縁があったので、日真は戦乱後も、四溟大師が和平交渉のために訪日した際には、大師の居処に気を配り、また大師から貰った「発星山本妙寺」という題字を扁額に刻んで本妙寺に奉掛したのである。

しばらく清正の陣営に監禁されていた大男は、清正の本拠地の熊本に連行された。彼は、自身が日本軍に捕まった時、激しい戦闘によって家族は全員死んだと考えたようだ。その大男の面倒を日本で見たのが日真であった。日真は、自らの師・日乾上人がいた京都六条講院（六条講所ともいう）へ大男を送った。六条講院は、当時日本最高水準の教育機関であった。大男がそこで勉強することができたのは、彼が本来持っていた学問的な資質もさることながら、何よりも日真の好意と積極的な支援のお陰であろう。日真は大男より二十三歳、彼の父・天甲よりも六歳年長であった。大男は六条講院での修学後も、甲州の久遠寺（身延山）、総州の法輪寺（飯高檀林）などで修行を続けた。

熊本の本妙寺はもともと、加藤清正が自身の父である清忠の冥福を祈るため、摂津に建てた寺であった。清正は、熊本に封土を拝領したため、寺を熊本に移転して菩提寺とした。日真はその初代住職であった。日真は戦乱が終わると本妙寺に戻り、仏道に精進した。十年後の一六〇八年、日真は弟子の日繞に住職を譲り引退した。しかし、日繞が僅か一年足らず（松田甲著『日鮮史話』には三年とある）で亡くなったため、三代目の住職として推挙されたのが余大男である。

余大男は一六〇九年のその時二十九歳、法名は日遙《にちよう》。平素は日遙上人、または高麗上人とも呼ばれた。二年後の一六一一年、藩主・加藤清正が亡くなり城外の中尾山に葬られ、更に三年後、一六一四年に発生した火災では、本妙寺の全てが焼き尽くされた。日遙上人（余大男）は、それまで熊本城内にあった本妙寺の寺基を主君の眠る中尾山に移し、三年の歳月をかけて堂宇を再建した（その時再建した本妙寺も一八七七年の西南の役で消失。現存する本妙寺はその後、再建されたもの）。

以後、日遙上人は本妙寺を根拠地として修道に専念した。ところが、彼が四十歳の初冬、故国を離れて約二十八年、思いもよらない手紙が彼の元に届いた。死んだと疑わなかった父の余天甲からであった。

父からの手紙は、次のようなものである。

九州肥後国・熊本本妙寺学淵・日遙上人へ（一部要約）

確かに死んだと疑わなかったお前が、日本国の熊本の本妙寺で住職になっていることを伝え聞き、天の助けと思いました。無事に暮らしている事が分かり、何よりも嬉しく思っています。しかし、日本で住職の職に就き、何不自由ない暮らしを手に入れたため、もう祖国に帰るつもりがないのか……と恨みがましく思いもしました。お前も今や四十歳、父母の生きているうちに帰ってくることも孝行でしょう。是非とも帰国したいという旨を、お前の主人に対して嘆願できはしないだろうか。父と子が同じ場所で余生を共にできれば、どんなに楽しいことでしょうか。

庚申五月七日

父・余天甲、官職についてからは壽禧と改名

庚申の年は一六二〇年で、朝鮮光海君十二年である。日遙上人の父・天甲も戦乱の結果、捕虜となって広島まで連行され、戦争が終わって三年後の宣祖三十四年に帰還した。上の手紙の末尾に「官職についてから改名した」とあることから推測すれば、戦争中に功があったようだ。

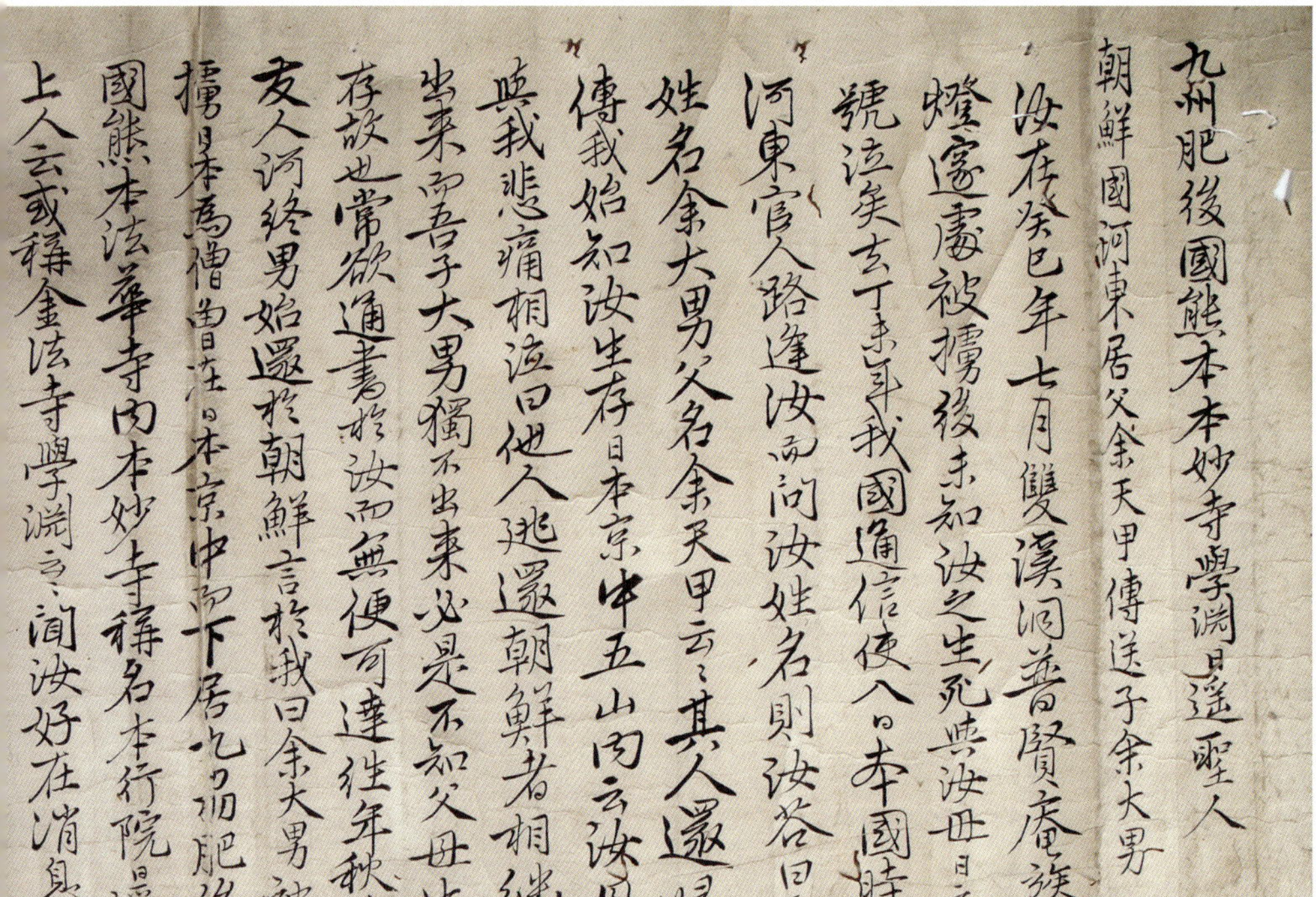
九州肥後國熊本本妙寺學淵日遥聖人
朝鮮國河東居父余天甲傳送子余大男
汝在癸巳年七月嬰漢洞普賢庵族僧
燈遼處被擄後未知汝之生死晝汝母日夜
號泣矣去丁未年我國通信使入日本國時我
河東官人路逢汝而問汝姓名則汝答曰吾
姓名余大男父名余天甲云云其人還歸
傳我始知汝生存日本京中五山內云汝母
與我悲痛相泣曰他人逃還朝鮮者相繼
出來而吾子大男獨不出來必是不知父母生
存故也常欲通書於汝而無便可達往年秋汝
友人河終男始還於朝鮮言於我曰余大男被
擄日本爲僧曾往日本京中而下居九州肥後
國熊本法華寺內本妙寺稱名本行院日遥
上人云或稱金法寺學淵云云聞汝好在消息歡

日遙父（余壽禧）書状
一六二〇（元和六）年五月七日
本妙寺蔵・熊本日韓文化交流研究会撮影

戦争が起こった年に彼は二十九歳の青年で、恐らく義兵として活動したと推定される。彼に関しては、『朝鮮王朝実録・宣祖』三十四年四月辛丑条に河東人・余進徳《ヨシンドク》が敵情を報告した記録がある。また、同書三十四年六月辛丑条にも河東人・余壽禧が日本から戻ってきたという内容がある。両者ともに河東の［注2］校生・姜士俊《カンサジュン》という人物と一緒に登場するため、余進徳と余壽禧は同一人物である可能性がある。

一六〇七（宣祖四十）年、第一回の朝鮮通信使は、呂《ヨ》祐吉《ウギル》が正使であった。この時は「回答兼刷還使」としての任務を持って日本へ渡ったため、被虜人送還にかなりの注意を払ったようだ。彼らが江戸へ向かっている途中、しばらく京都に留まった時、随行員の一員であった河東出身の官員が街で日遙上人と出会った。

余大男（日遙上人）が清正の軍に捕らえられたのは、壬辰倭乱の中でも「大捷」と呼ばれるほど激烈な戦いであった晋州城戦闘の直後であった。第一回の攻防では長岡忠興と長谷川秀一の率いる二万の大軍の攻撃に対して、

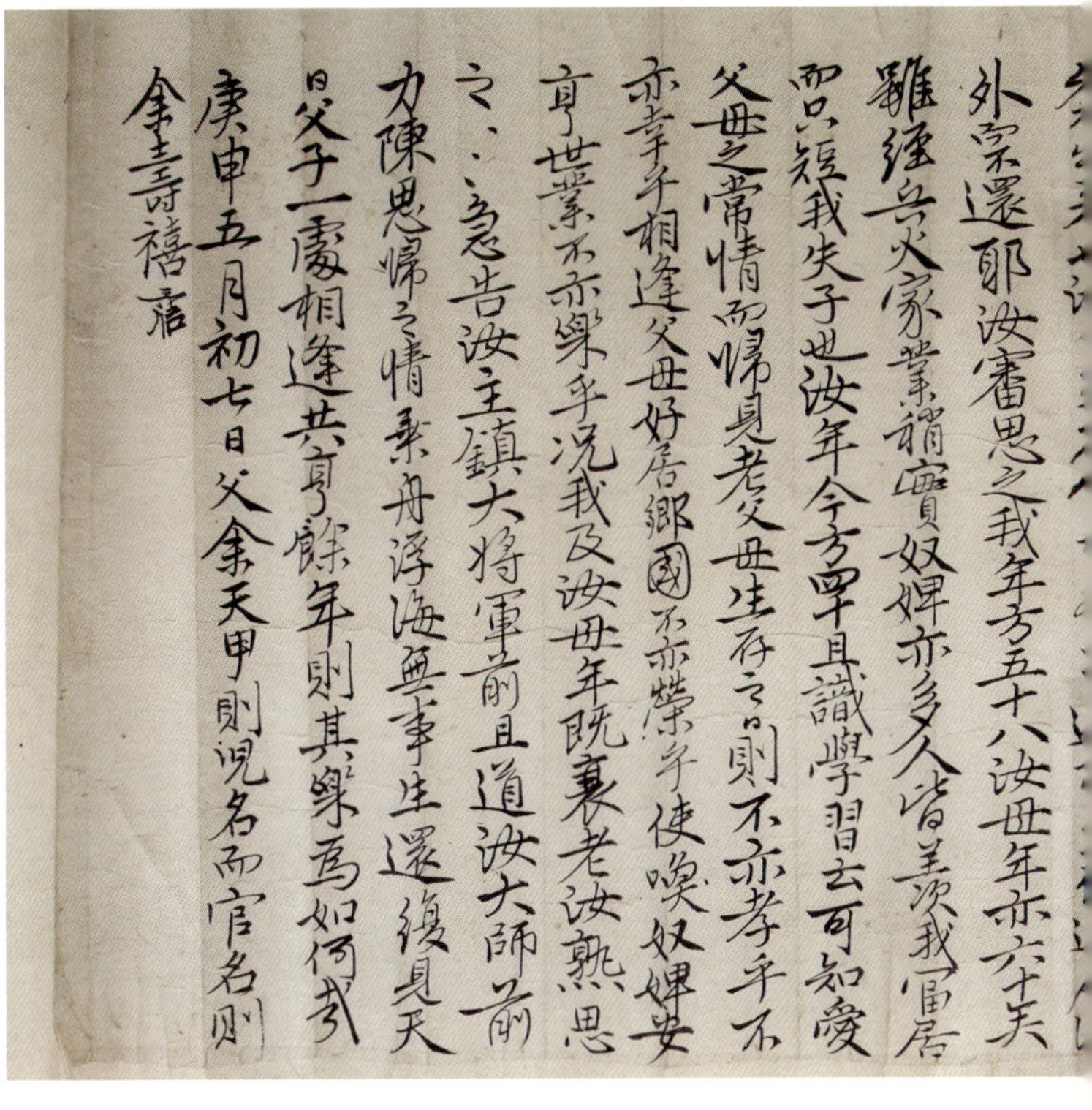
外家還鄉汝審思之我年方五十八汝母年亦六十矣
雖經兵火家業稍實奴婢亦多人皆羨我富居
罔只恨我失子也汝年今方卑且識學習云可知愛
父母之常情而歸見老父母生存之日則不亦孝乎不
亦幸乎相逢父母好居鄉國不亦榮乎使喚奴婢安
享世業不亦樂乎況我及汝母年既衰老汝熟思
之々々急告汝主鎮大將軍前且道汝大師前
力陳思歸之情乘舟浮海無事生還復見天
日父子一處相逢共享餘年則其樂爲如何哉
庚申五月初七日父余天甲則以名而官名則
余壽禧唐

四千弱の朝鮮軍が城の防御に成功したが、一五九三年六月十九日から二十九日までの第二次戦闘では、加藤清正、小西行長、宇喜多秀家の軍が、三万七千の兵力を投入し、朝鮮軍は全滅した。以後、日本軍は晋州城一帯を占領して、略奪、殺戮、拉致をほしいままにした。大男もこの時捕らえられたようだ。

　父からの手紙を受け取った日遙上人は直ちに返事を書いた。

父母主前百拜上答書（一部要約）

　思いもかけない便りを受け取り、嬉しさのあまり涙にむせんでいます。捕らえられて今日まで二十八年間、前世になんの咎があって、かような遠い地に置き去りになったのでしょうか。私もすぐにでも父上母上の前に駆けつけたい思いで胸が張り裂けそうです。一日会えるのならばその場で命が果てても構いません。しかしながら、今日までこの地で生き永らえて来られたのは、藩主の助け

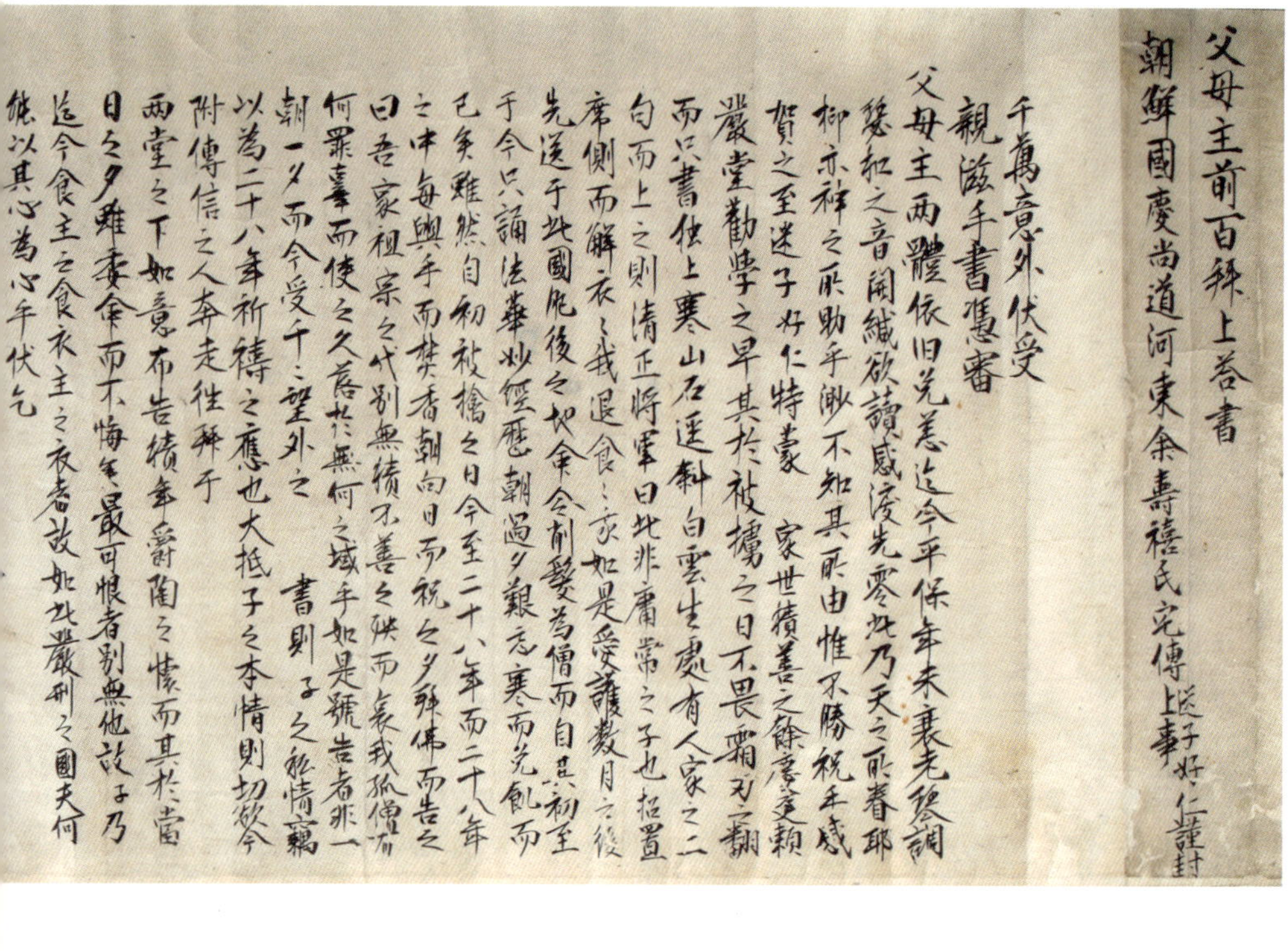

日遙書状
一六二〇（元和六）年十月三日
本妙寺蔵・熊本日韓文化交流研究会撮影

があってのことであるのもまた事実でございましょう。藩主もまた人の子。事情を泣訴陳情し、誠をもって二、三年間の暇を乞うてみれば、心打たれることがないとは限りません。どうかもう数年心を和らげてお待ちくださるようお願い申し上げます。

庚申十月三日

迷子好仁　謹拝

この手紙が往来したのは一六二〇年、約四百年前のことである。日朝間の戦乱も終わって二十二年、最初の平和使節の訪日からまた十三年。再び朝鮮の釜山には倭館という居留地が設けられ、日本人が出入りをしながら貿易をしていた。余氏父子の手紙は、恐らくその釜山の倭館駐在日本人（主に対馬の人）を通してやりとりされたようである。

父に返事を送ってから、日遙上人は領主の忠広に帰国歎願を申し出た。忠広は清正の息子で、一六一一年の清正の死後、家督を継承していた。日遙上人と父親との手

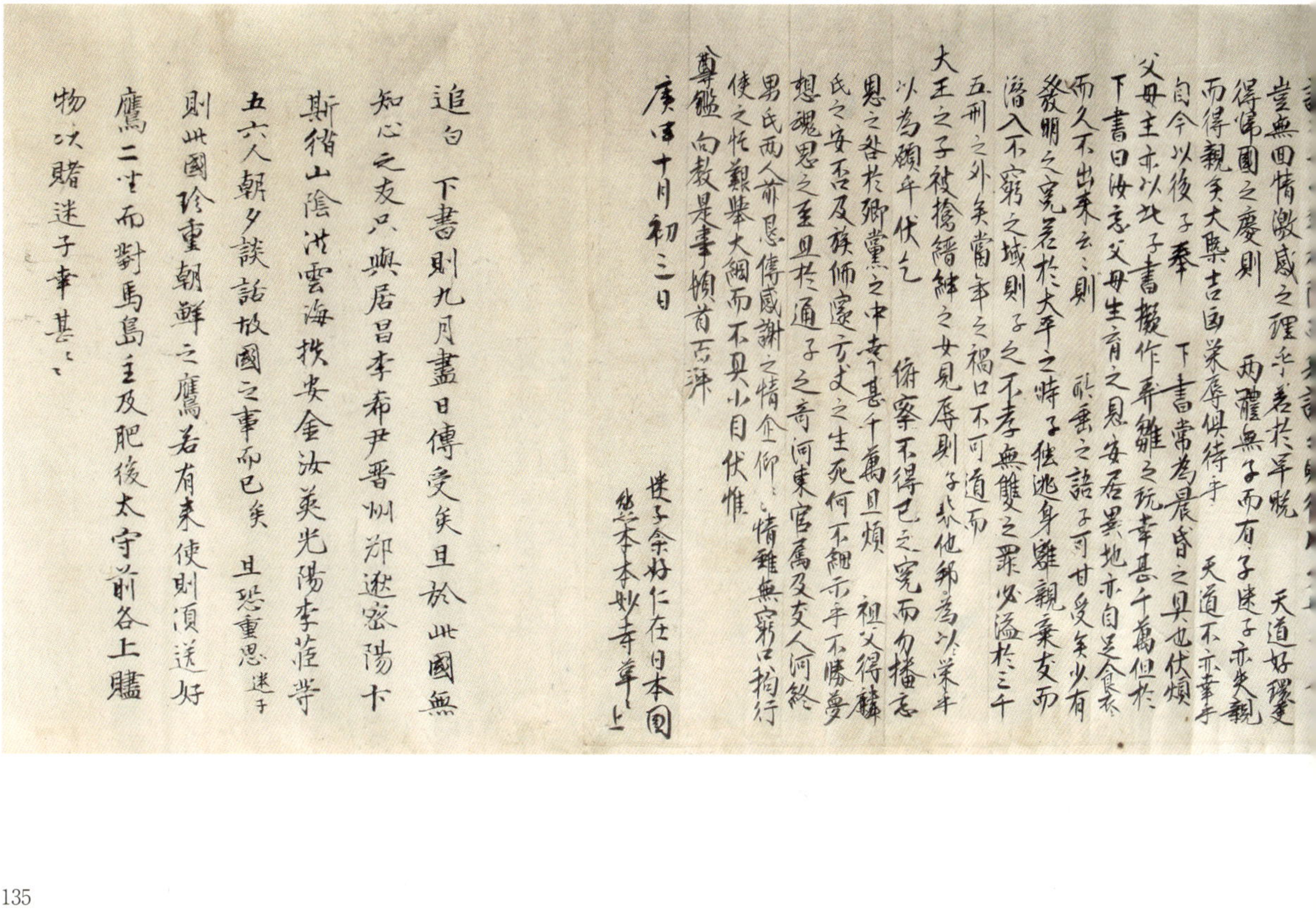

紙の往来があった一六二〇年、忠広はわずか十九歳の少年であった。彼は日遙上人が後の手紙で書いているように、年少のためか、判断力と決断力の乏しい人物で、日遙上人の帰国懇請も数次にわたったが「考え直すように」と返事をしたようだ。このような事情がわからない父親の天甲（壽禧）は、数回手紙を送ったが届かなかった。次の手紙は最初の返事から二年後にやっと届いたものである。

日遙父（余壽禧）書状［第二信］

息子が死んだと思い心痛んでいた我々夫婦は、三十年ぶりにお前からの便りを受け、ただただ嬉しいばかりでした。しかし、昨年六月から二度も三度も日本に手紙を託したのにお前からの返事がなく、妻と顔を合わせ昼夜涙をのんでいます。父はあと何年生きて待てるでしょうか。国王（藩主）の前で天と地を指し、年とった両親には、ほかに子女とてなく私一人だけだと、再度切にお頼み申し上げてみてください。とはいえ、おまえは今他国にいる身。注意して処し、無事に戻ってくることを願っています。

壬戌七月八日

父　余壽禧

この手紙は壬戌年、すなわち一六二二年のものである。この手紙では他に、特に日本軍の捕虜や被虜になった知人・親戚数人の安否を伝えており、少なくとも十人あまりに言及している。前近代社会の生活半径に基づいた人的交流の範囲を勘案すれば、余大男（日遙上人）の故郷近辺の人々であろう。筆者が直接訪問した余大男の故郷、河東郡良甫面朴達里は、昔も今も人口の多くない小さな村である。そのような村から大男一個人との関係者だけで十人あまりという捕虜・被虜の数であった。ちなみに良甫面は、二〇〇六年の河東郡の統計では人口二千百九十六、面内に行政里が二十八ある。これを単純に計算すると一つの里に七十八人が住んでいることにな

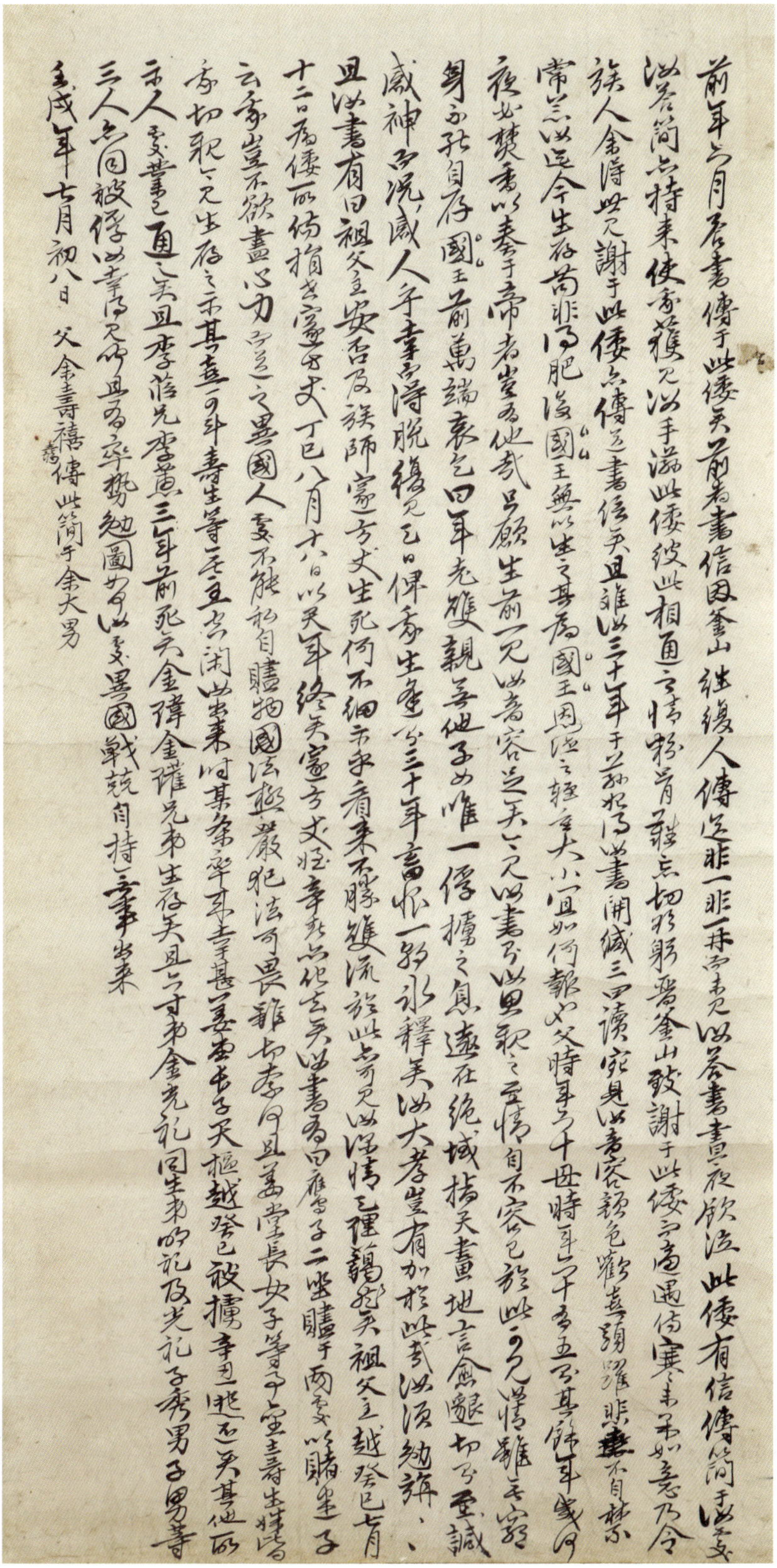

日遙父（余壽禧）書状【第二信】

一六二二（元和八）年

本妙寺蔵・熊本日韓文化交流研究会撮影

る（この計算は必ずしも現実を正確に反映しているわけではない）。現在の農村人口の減少を勘案したとしても、四百年前の朝鮮時代の人口が現在より多いとは言い難い。それにもかかわらず、一個人の生活半径から十人あまりの捕虜・被虜が出たという事実は、当時の日本軍が連行した朝鮮人の総数を推測するための材料になるだろう。

当時の朝鮮では、釜山の限定された地域（倭館）で貿易に従事していた日本人と、私事に接触することは国法で禁止されていたが、余氏父子の天倫の情はそのような国法の厳しさも妨げなかったようだ。河東から釜山までは今日、車で高速道路を利用しても片道二時間以上かかる所であるから、朝鮮時代なら馬に乗っても、丸一日、歩けば二～三日は必要だった。しかも、手紙を託したとはいえ、それが全部届く保証もない。余氏父子の書信往来も数次に亘ってうまくいかなかったようで、二人の手紙の間隔はばらばらであり、手紙の中でもその難しさを吐露している。

手紙の内容からわかるように父の天甲（壽禧）は、大変思慮の深い人物である。彼は手紙の検閲を意識したようで、文脈と表現をかなり丁寧にして、「藩主」を「国王」に、またその藩主が面倒を見てくださった恩恵に感謝すると表現しており、他国にいる身の立場を十分注意しながら、主人に事情を懇切に申し上げることを日遙上人に教えていた。

日遙書状（一部要約）

ひれ伏して父上様の机下に捧げます。清正公の三年の喪も終わり、精一杯、自分なりにいろいろと手を尽くして参りました。しかし、世継ぎの藩主は年若く、見識にも乏しいため私の懇願に気分を害し、なかなか帰国の許しが得られません。寧ろ今では兵士たちが厳重に監視する始末。未だ状況は芳しくないのですが、どうか、私の意をお汲み取りくださるようお願い申し上げます。

息子、百拝頓首　乙丑　一月

この手紙は乙丑年の一六二五年のものである。これまでの日遙上人の手紙は本妙寺に保管されている写しであったが、この手紙は写しでなく本物である。最後の手紙は結局送れなかったようだ。雅量のない権力者に捕まり、日遙上人は帰国を最後まで果たせなかった。

一六三二年、忠広は清正の遺業を守れず、熊本より追放され、かわりに細川忠利が新しい領主となった。日遙上人はもう一度帰国したい旨を申し出たが、今度はむしろ以前の藩主の側近と言われ、新しい権力者からは冷遇されたようだ。

以後は、帰国を断念し、父母の位牌を立てて祭祀を行いながら仏道に精進した。本妙寺の過去帳には彼の名前とともに「智徳院法信・日遙父」、「常徳院妙信・日遙母」とある。恐らくこれが日遙上人の父母の位牌の法名であろう。

藩主が代わっても日遙上人の立場は良くならなかったようで、その時の雰囲気を理解する方法はないが、当時の熊本藩の事情を背景にした森鷗外の『阿部一族』を読むと、その地の家臣たるものの厳しい立場を垣間見ることができる。

しかし、日遙上人は本妙寺の再建だけでなく、一六五一年には肥前の島原に護国寺を創建したことから、仏教的にはその地域での影響力は小さくなかったようである。[注3]

十三歳で被虜人になった日遙上人は、その後一生を他国で過ごし、自分を待つ祖国の父母を偲びながら、一六五九年、七十九歳でこの世を去った。僧侶で終始したため後嗣はいないが、故郷には異母弟がおり、現在まで代を引き継いでいる。

筆者は傍系で、余大男(日遙上人)の十代目の孫にあたる。死後四百余年、その子孫の私が再び日本に居住していることは実に不思議な因縁である。この文を書いている今夜も天涯で啼き、旅客の襟を潤せるあの慈烏を偲ばざるをえない、況や四百年前をや。

［注1］杜牧の詩「山行」。転結は「車を停《とど》めて坐《そぞ》ろに愛す楓林の晩《くれ》　霜葉は二月の花よりも紅なり」。

［注2］朝鮮時代、郷校の儒生。郷校生徒のこと。彼らは大概基礎教育を終えた両班《ヤンバン》貴族と良人の子弟で、郷試を免除して直ちに覆試に応試できる恵沢が与えられたり、成績優秀者は戸役を免除されるなどして、書吏・訳官職・訓導などに採用された。

［注3］余氏父子の手紙の詳細は、金声翰『日本のなかの朝鮮紀行』（三省堂選書・一九八六）に詳しい。

日遙上人（余大男）墓所
本妙寺

余壽禧（天甲）墓所
韓国河東郡良甫面朴達里

直指寺　境内

表忠寺　鐘楼

御礼にかえて

韓国では救国の高僧として、子どもに至るまで知らない人はいないといわれる、四溟大師ですが、日本では、不思議なことに、その名を知る人はつい最近までほとんどいませんでした。

大師は日本国にとっても、日韓間に二百余年の平和の礎を築いた恩人であります。

二〇一〇年八月三十日に、通度寺住持・頂宇猊下ならびに表忠寺住持、海印寺大学教授・南賢和尚の三師が、四溟大師の四百周年法要の直前、大師が活動された日本国内の旧跡訪問調査のために来日され、その一行に同行させてもらう機を得るまでは、この高僧の偉業を審《つまびら》かに知る機会はありませんでした。

三師は、テレビ局のスタッフを伴って、対馬・熊本・京都へと、四溟大師の行脚の跡を辿り、調査をされました。

二百年余の間、十二回にわたって、日本を訪問した朝鮮

인사 말씀에 갈음하여

韓國에서는 救國의 高僧으로、어린 아이에 이르기까지 모르는 사람이 없다는、사명대사 (四溟堂 松雲大師 惟政)．그 이름을 日本에서는、이상하게도、극히 最近까지 아는 사람이 거의 없었습니다．

大師는 日本에게도、韓日間 二百余年에 걸친 平和의 초석을 놓아준 恩人입니다．

二〇一〇年 八月 三十日、通度寺 住持・頂宇 猊下 및 表忠寺 住持、海印寺大学 教授・南賢 和尚 등 세분의 스님이、四溟大師 四百周年 法要 直前에、大師께서 活動하셨던 日本 國内의 旧跡을 訪問 調査하러 来日했는데、그때 제가 이 一行과 同行하게 되었습니다．그전까지는、이 高僧의 偉業을 깊이 알 機会가 없었습니다．

세분 스님은、ＴＶ 방송국의 스탭들과 함께、対馬・熊本・京都로、四溟大師가 行脚하신 자취를 더듬어가며、調査를 진행했습니다．

通信使に関しては、日韓交流に関心がある日本人ならば知っていますが、四溟大師が二回にわたる七年間の、いわゆる「壬辰《じんしん》・丁酉《ていゆう》の倭乱」を終結に導き、朝鮮通信使が始まる基礎を築いた中心人物であったことは、知られていないのが実情です。

あまつさえ、それは単なる終戦交渉の成功にとどまらず、恒久的和平をもたらす、仏教者としての確固たる理念に立って、冷静果敢に一大事業を実践されました。この重大な功績を残された四溟大師に関して、なぜ早く気づけなかったかと悔やまれました。

三師の訪問一ヵ月半後、表忠寺で勤修予定の「四溟大師涅槃四百周年法要（四溟大師涅槃四百周年享祀）」のために発刊された、大師の行実資料『平和の架橋　四溟大師』という冊子を、通度寺頂宇猊下から頂戴しました。

冊子の写真の説明をうけながら、その時つぶやかれた言葉が、今も胸中深く焼きついて離れません。

それは「韓日の間に仏教精神が生きていて、身をもってそれを実践する僧侶が存在するならば、そこには平和があ

二百余年 동안、十二回에 걸쳐、日本을 訪問한 朝鮮通信使에 관해서는、韓日交流에 関心이 있는 日本人은 대략 알고 있겠지만、四溟大師가 二回에 걸쳐 七年間의、이른바「壬辰・丁酉의 倭乱」을 終結로 인도하고、朝鮮通信使 왕래의 基礎를 만들어 놓은 中心 人物이었다는 実情은、잘알려지지 않았던 것입니다.

뿐만아니라、그것은 단지 終戦 交渉의 成功에 머무르지 않고、恒久的 和平를 가져온、仏者로서의 確固한 理念에 바탕해、冷静果敢하게 一大事業을 実践한 일입니다. 이 重大한 功績을 남기신 四溟大師에 관해、어째서 좀더 일찍 알지 못했나하는 아쉬움마저 들었습니다.

세분 스님이 訪問하신지 달포 後에、表忠寺에서 거행할 予定인「四溟大師 四百周年 法要（四溟大師 涅槃 四百周年 享祀）」를 위해 発刊된、大師의 行実 資料『平和의 架橋 四溟大師』라는 冊子를、通度寺 頂宇 猊下로부터 건네받았습니다.

冊子의 写真 説明을 보면서、그 때 홀로 읊조렸던 말이、지금도 胸中 깊숙히 각인되어 잊혀지지 않습니다.

ります」という言葉でした。

惟《おも》えば、一四六七年からの応仁の乱に端を発して、約百年間、日本全土は群雄が割拠した戦乱の世と化し、その戦国期を平定したのは、織田信長に続いて、豊臣秀吉でした。

天下統一の総仕上げをしたはずの豊臣政権には、その内部に矛盾が存在しており、そのため、対外拡張主義をかかげて、諸侯の関心を国外へ向けさせました。

「征明嚮導《せいみんきょうどう》」を標榜《ひょうぼう》して、明国を侵略する手順として、李王朝の承従を強要し、一五九二（文禄元）年、小西行長・加藤清正二将を先陣として、十五万の軍勢をもって朝鮮を侵攻しました。

詳しくは、本書に掲載されている仲尾宏教授の「松雲大師と徳川家康—四百年前の日朝国交回復の立役者」に、その経緯が記されています。

朝鮮における戦況は、緒戦こそ日本軍に有利に展開しましたが、明国よりの援軍が朝鮮に入り、また宣祖国王は西

그것은「韓日間에 仏教精神이 살아있어、몸으로 그것을 実践하는 僧侶가 있다면、거기에 平和가 있습니다」라는 말이었습니다.

생각해보면、一四六七年에 일어난 応仁의 乱으로부터 시작해、約百年間、日本 全土는 群雄이 割拠하는 戦乱의 시대로 변했으나、그 戦國期를 平定한 이가、織田信長을 뒤이은、豊臣秀吉이었습니다.

天下統一의 총 마무리를 이루어낸 豊臣政権에게는、그 内部에 矛盾이 存在해、그 때문에、対外拡張主義를 내걸고、諸侯의 関心을 國外로 향하게 만들었습니다.

「征明嚮導」를 標榜하며、明나라를 侵略하려는 과정에、조선 王朝의 承従을 強要하며、一五九二（文禄元）年、小西行長・加藤清正 등 두 장수를 선봉으로、十五万의 軍勢를 몰아 朝鮮을 侵攻했습니다.

자세한 것은、本書에 掲載되어 있는 仲尾宏 教授의「松雲大師와 徳川家康—四百年前、日朝 国交回復의 공로자」에、그 経緯가 설명되어 있습니다.

山大師休静（清虚）に義軍を起こすべく勅命を下し、これをうけて四溟大師が率先して義僧都大将として立つことで、朝鮮と明の連合軍が平壌の都を奪還します。

それより各地に起こった義兵のゲリラは日本軍を悩ませます。半島南岸沿いの倭城へと追いつめられた日本軍は苦戦を余儀なくされて、日本からも次第に和議の機運が生じてきます。

日本側の二人の前線大将である、小西行長と加藤清正の間に不調和があることを見た宣祖王は、四溟大師に重要な外交談判の責務を与えられました。

四溟大師は西生浦《ソセンポ》倭城を拠点としている加藤清正の陣営に乗り込み、四回にわたる交渉のうち、三回は清正と直接談判をしました。

この一連の西生浦の会談の過程において、大師の条理を弁《わきま》えた真実が、清正とその従軍顧問僧である本妙寺開基日真上人の心に、徐々に種えつけられていきます。

華厳、法華、浄土と仏教の教相に幅広く通じていた四溟大師の識見・実行力に接し、大師より二十一歳若い日真上

朝鮮에서의 戰況은、緒戰이 日本軍에 有利하게 展開되었지만、明나라로부터 援軍이 朝鮮에 들어오고、또한 宣祖 임금은 西山大師 休静（清虚）에게 義軍을 일으키도록 勅命을 내리게 됩니다. 이를 수행코자 四溟大師가 率先해서 義僧都大將으로 나서고、그 결과 朝鮮과 明의 連合軍에 의해 平壌城을 奪還하게 됩니다.

이를 계기로 各地에서 일어난 義兵의 게릴라전은 日本軍을 당황하게 만들었습니다. 半島 南岸을 따라 구축한、倭城으로 물러난 日本軍은 苦戰을 거듭하게 되고、日本 내에서도 점차 和議를 모색하는 기운이 일어나게 되었습니다.

日本側의 두 前線 大將인、小西行長과 加藤清正 사이에 不調和가 일어나고 있다는 것을 알게 된 宣祖 임금은、四溟大師에게 重要한 外交談判의 責務를 맡겼습니다.

四溟大師는 西生浦 倭城을 拠点으로 하고 있던 加藤清正의 陣営으로 찾아가、四回에 걸쳐 交涉하는 중에、三回는 清正과 直接 談判을 하게 되었습니다.

이 一連의 西生浦 会談 過程에서、大師의 条理를 갖춘

人は、大師を敬愛するようになり、自ら専門分野の『法華経』の法門の要について発問し、謙虚に大師の所懐を伺っています。

是非善悪・恩讐《おんしゅう》を超えた心の通いこそが、後の二百余年の和平をもたらした尊い聖種となりました。

一五九八（慶長三）年八月、秀吉の死去によって、その年末には、日本軍は朝鮮よりほぼ撤退し、二度にわたった戦乱は収まったものの、朝鮮国民にとっては、なお、物的・人的被害回復の課題と、将来、再び戦乱が起こるのではないかという不安が残されていました。

一六〇四年、四溟大師の恩師・西山大師が八十五歳の高齢で示寂されました。四溟大師はその別れの涙が涸れる間もなく、同年七月、宣祖国王の意向を体して、「探賊使」として対馬に渡ります。「探賊使」とは、敵状を探索する役目です。

大師は六十一歳、八月より対馬に三ヵ月間滞在し、府中（厳原）以酊庵（現・西山寺）の住持・景轍玄蘇《けいてつげんそ》と親しくなり、詩文等を交わして心の交流を深めました。

真実이、清正과 그의 従軍 顧問僧인 本妙寺 開基 日真上人의 마음을 서서히 움직이게 만들었던 것입니다.

華厳、法華、浄土와 仏教의 教相에 폭넓게 정통했던 四溟大師의 識見・実行力을 접하면서、大師보다 二十一歳 젊었던 日真上人은、大師를 敬愛하게 되고、자신의 専門分野인『法華経』法門의 요체에 대해 発問해、謙虚하게 大師의 所懐를 여쭙게 되었습니다.

是非善悪・恩讐을 초월한 마음의 소통이야말로、후일 二百余年에 걸친 和平를 이룩한、고귀한 聖種이 되었습니다.

一五九八（慶長三）年 八月、秀吉의 死去로、그 해 年末에、日本軍은 朝鮮에서 撤退해 두번에 걸친 戦乱은 수습이 되었지만、朝鮮 國民에게는、物的・人的 被害 回復의 課題와、将来에 다시 戦乱이 일어나지 않을까 하는 不安이 만연해 있었습니다.

一六〇四年、四溟大師의 恩師・西山大師가 八十五歳의 高齢으로 示寂했습니다. 四溟大師는 그 이별의 눈물이 채 마를 틈도 없이、同年 七月、宣祖 임금의 意向을 품은 채、「探賊使」로서 対馬로 떠나게 됩니다.「探賊使」란、敵

その間、和議を模索していた大師に好機が到来し、徳川幕府が直接会談を行う用意があるという知らせを受け取ります。

同年十一月下旬、対馬を発《た》ち、その年の暮れに京都に入り、本法寺において、徳川家康父子の上京を待つこと二ヵ月を越え、翌年の三月四日、伏見城にてついに四溟大師と徳川家康との本格的な会談が実現しました。

待機の間、日本の高僧・文人・学者と接する機会も多く、自《おのずか》ら大師の徳行が浸透し、禅詩や法語の揮毫《きごう》の要請を何度も受けました。

四溟大師の本来の任務は、日本事情探索でありますが、もはやそれにとどまらず、日本の新しい権力者である家康に直接会うことが叶い、戦役で連れ去られた民間被虜者を、順次千数百人（三千人説もあり）送還するという、誰も予期しなかった輝かしい成果を挙げます。

対馬以降の大師の行動は、自らの決断によって、時機をみて機敏かつ大胆に判断し、実行されたものでした。

大師の偉業は、ただ母国朝鮮を護り、日本との間に二百

의 상황을 探索하는 역할입니다.

大師는 六十一歲、八月부터 対馬에 三개월 간 滞在하며、府中（厳原）以酊庵（現・西山寺）의 住持・景轍玄蘇와 친분을 쌓게 되어、詩文 等을 나누며 마음을 통한 交流를 두텁게 쌓았습니다.

그 사이에、和議를 模索하고 있던 大師에게 好機가 到来해、徳川幕府가 直接 会談을 행하고자 하는 用意가 있음을 알려왔습니다.

同年 十一月、対馬를 떠나 그해 세밑에 京都에 도착、本法寺에서 徳川家康 父子의 上京을 기다린지 三개월、다음 해 三月 四日、伏見城에서 드디어 四溟大師와 徳川家康 간에 本格的인 会談이 実現되었습니다.

待機하는 사이에、日本의 高僧・文人・学者들과 접할 機会가 빈번하니、저절로 大師의 徳行이 浸透해、禅詩나 法語의 揮毫를 要請받는 일이 수없이 일어났습니다.

四溟大師 本来의 任務는、日本 事情을 탐색하는 일이었습니다만、단지 거기에 머물지않고、日本의 새로운 権力者인 家康과 直接 만나、戦役으로 끌려온 民間 被虜者를、

余年の永きにわたる安定した外交関係の基礎を築いたに止まらず、広く東アジア全域にとっても、世界史にも銘記さるべき新しい平和の秩序をもたらす、重要な機縁を与えたといえましょう。

四溟大師は、救国済世の大乗菩薩観と、現実世界の秩序を構築する儒教思想の精神との、真俗二諦の理念を見事に融和具現した仏者といえます。

日本より帰国した翌年一六〇六年、六十三歳を迎えた四溟大師は、師・西山大師の葬送を行い、二年後の六十五歳の時、宣祖国王の崩御に拝哭《はいこく》のまことを捧げ、六十七歳の八月二十六日に、海印寺において寂《しず》かに生涯を閉じられました。

文字通り、人事を尽くした大師の生涯、人間として誠意をもって生涯を全《まっと》うされたことに改めて深い感銘を憶えます。

計らざるに、ご縁は更に重なり、二〇一〇年には、四溟大師の蹤跡《しょうせき》を訪ねて帰国された、頂宇猊下、表忠寺住持か

順次로 千数百人（三千人説도 있슴）送還한、누구도 予期하지 못한 成果를 올리게 되었습니다.

対馬 이후 大師의 行動은、스스로의 決断에 의해、時機를 보아가며 機敏하고도 大胆하게 判断해、実行했던 일입니다.

大師의 偉業은、단지 母國 朝鮮을 지키고、日本과의 사이에 二百余年이라는 장기에 걸쳐 安定된 外交関係의 基礎를 놓는데 그치지않고、널리 동아시아 全域에 있어서도、世界史에 있어서도 銘記해야 할 새로운 平和적 秩序를 가져온、重要한 계기를 제공해 주었다고 해야 할 것입니다.

四溟大師는、救國済世의 大乗菩薩観과、現実世界의 秩序를 構築하는 儒教思想의 精神 사이에、真俗二諦의 理念을 훌륭하게 融和具現한 仏者라고 할 수 있습니다.

日本으로부터 帰國한 다음해인 一六〇六年、六十三歳를 맞은 四溟大師는、스승인 西山大師의 大喪을 거행하고、二年後인 六十五歳 때에는、宣祖의 崩御에 拝哭을 정성껏 올린 후、六十七歳되던 해 八月 二十六日에、海印寺

ら、表忠寺における「四溟大師四百周年法要」（二〇一〇年十月十日）へのご招待状を受けました。

日頃から、正行寺雅楽御堂で三宝供養の奉納楽に励む「筑紫楽所《ちくしがくそ》」の楽人の代表ともども七名で、表忠寺の大法要に参詣しました。

美しい山容が四囲を包み、一片の雲もない紺碧《こんぺき》の空の下での大法要は、この世のものとは思えぬ、文字通り極楽浄土の光景でした。

表忠寺の一伽藍《がらん》である「表忠祠」前の広い庭で、右方は千名の曹渓宗僧侶が整然と集会され、左方には儒服を身にまとった、ほぼ同数の儒者たちによる儀礼が、国楽と読経によって端然として進められました。

正装に身を包んだ参列の道俗の、仏教と儒教が見事に融和した、いまだかつて一度も見ることがなかった不思議な聖域でありました。

歴史的にも、民族的にも、重い意味を持つこの法要に、日本からは私どもの七名のみが出席が叶いました。

通度寺・表忠寺両ご住持の格別のご配慮で、大光殿（本

에서 조용히 生涯를 마감했습니다.

말 그대로, 人事에 최선을 다한 大師의 生涯, 人間으로서 誠意를 가지고 生涯를 당당하게 살았던 점에 새삼스럽게 깊은 感銘을 느낍니다.

뜻하지 않게도, 인연은 거듭 이어져, 그 해에, 四溟大師의 蹤跡을 찾아 순례했던, 頂宇 猊下, 表忠寺 住持 스님으로 부터, 表忠寺에서 열리는「四溟大師 四百周年 法要」（二〇一〇年 十月 十日）에 참석해 달라는 招待状을 받게 되었습니다.

평소에, 正行寺 雅楽御堂에서 三宝供養의 奉納楽을 연마하고 있던「筑紫楽所」의 楽人 代表와 함께 七名이, 表忠寺의 大法要에 参詣하게 되었습니다.

아름다운 산세에 둘러싸여, 한 조각의 구름도 없는 짙푸른 하늘 아래서 이루어진 大法要는, 이 세상의 것이라고는 생각하기 어려운, 말 그대로 極楽浄土와 같은 光景이었습니다.

表忠寺 경내에 세워진「表忠祠」앞 마당에서, 오른쪽

堂）前に特設の「場」を調《ととの》えていただき、本尊如来様に向かって、奉納の雅楽を奏させていただきました。

千四百余年前より以来《このかた》、この朝鮮の地より連綿と伝来された仏法の功徳に加え、四溟大師の出現によって、善悪禍福の彼方から、仏性を再生せしめる原点を賜っていたという深い感銘を、その瞬間に覚えたことでした。

日韓両民族が、過去・現在・未来にわたって解決すべき諸問題を解く秘鍵《ひけん》が、ここにこそあると感じられ、たとえ将来、いかなる困難なことが出来《しゅったい》したときでも、帰《き》すべきはこの原点であると確信いたしました。

この本来的出会いの事実を、自他内外にお伝えし、共感していただくことこそが、私ども仏教徒の義務であると任じます。

ここに、日韓両国は無論、平和を願う有縁の方々すべてにこの功徳を末永くお伝えすべく、本書の発刊を発願させていただいた次第であります。

真実の喜びは、真実なる感動の波動を更に生むのでしょうか。過般二〇一一年二月十日、わが正行寺創建四百十八年目の記念の日、韓国仏宝第一の通度寺開基・慈蔵律師が、

에는 千名의 曹渓宗 僧侶가 整然하게 자리하고 있고、왼쪽에는 儒服을 차려입은、거의 同数의 儒者들에 의해 儀礼가、國楽과 読経에 맞춰 端然하게 진행되었습니다.

正装을 단정하게 차려입은 参列 마당은、仏教와 儒教가 훌륭하게 融和된、이제껏 한번도 본적이 없는 신기한 聖域이었습니다.

歴史的으로도、民族的으로도、무거운 意味를 가진 이 法要에、日本에서는 저희들 七名이 出席했습니다.

通度寺・表忠寺 住持 스님의 格別한 配慮로、大光殿（本堂）앞에 特設「場」을 설치해、本尊如来를 향해、奉納雅楽을 연주했습니다.

千四百余年 前부터 그 以来로、이 朝鮮 땅에서 連綿히 伝来된 仏法의 功徳에 더해、四溟大師의 出現으로、善悪禍福의 피안에서、仏性 再生의 原点을 허락받은 듯한 깊은 感銘을 그 瞬間에 느끼게 되었습니다.

韓日 両民族이、過去・現在・未来에 걸쳐 解決해야 할 諸問題를 푸는 열쇠가、여기에 있다고 느껴져、설혹 将来에도、아무리 困難한 문제가 나타난다 하더라도、돌이켜

五台山より招来された仏舎利と、通度寺本尊の金剛戒壇の宝塔と同型の石鐘形宝塔を、住持・頂宇猊下より伝授賜りました。

一方、表忠寺住持よりは、表忠寺に伝わる四溟大師の大影像をご寄進いただきました。

まさに二尊師が、現在に四溟大師の大誓願を再現してくださったものといえます。その功徳に応じて、仏舎利宝塔の慶讃法要には、四溟大師を密《ひそ》かに仰がれた熊本の本妙寺開山日真上人の後嗣《こうし》である、本妙寺住職・池上正示師にも参席いただき、わが正行寺開基の出自である宗家の阿蘇神社九十一代阿蘇惟之宮司様にも、同心讃仰のまことをお運びいただきました。

最も激しく動いた時代の只中に生を享け、天賦の使命にその命を燃焼し尽くされた四溟大師の寂かなる歓びを湛える功徳が、必ずや海を越えて隣人にも伝わっていくことと信じます。

我ら凡夫の抱く喜びはひとときの情に過ぎないかもしれませんが、大慈心に住された大師の志願は、内外・国境・

해결할 原点이라고 確信하게 되었습니다.

이 本来的 만남이라는 事実을, 自他 内外에 전하고, 共感하는 것이야 말로, 저희들 仏教徒의 義務라고 느끼고 있습니다.

여기에, 韓日両國은 물론, 平和를 희구하는 모든 이에게 이 功徳을 오래도록 전해야 하겠다고 생각해, 本書의 発刊을 発願하게 된 것입니다.

真実이 주는 기쁨은, 真実한 感動의 波動을 새삼 더하는 것일까요. 지난 二〇一一年 二月 十日, 저희 正行寺 創建 四百十八年째 되는 記念日에, 韓國 仏宝 第一의 通度寺 開基・慈蔵律師가, 五台山에서 모셔 온 仏舎利와, 通度寺 本尊의 金剛戒壇의 宝塔과 同型의 石鐘形 宝塔을, 住持・頂宇 猊下로 부터 伝授했습니다.

表忠寺 住持께서는 전해져 오는 四溟大師의 大影像을 寄進해 주셨습니다.

참으로 이 두 尊師께서, 오늘에 이르는 四溟大師의 大誓願을 再現해 주셨다고 해야 할 것입니다. 그 功徳에 맞추어, 仏舎利宝塔의 慶讃法要에는, 四溟大師를 조용히

人種をこえて、天地自然さえ動かす、仏の大道への強い発条《ばね》でありました。

この大師の真情は、衆生が難局に直面したとき、必ず甦る如来の真実であり、如来真俗二諦の大悲大智であると仰がれます。

今日、このかけがえのない機縁をもたらしてくださった、内外の諸仏善知識方に、甚深の謝意をもって「南無阿弥陀仏」のまことを捧げます。

以上の趣旨をもって、本書を発行させていただきました。

ご同心くださった有縁の方々、殊に日韓仏教交流に挺身された故・釜田恒明法師と共に、その遺志を継承し実践してくださった李在溢氏に感謝をしつつ、更には、この縁に同心してくださる方が一人でも多からんことを願いつつ、謹んでお届けする次第であります。

合掌

섬겨오던 熊本의 本妙寺 開山 日真上人의 後嗣인、本妙寺 住職・池上正示 스님도 参席해 주시고、저희 正行寺 開基의 出自인 宗家 阿蘇神社 九十一代 阿蘇惟之 宮司께서도、同心讃仰의 정성을 표해 주셨습니다.

격동의 시대 한 가운데에서 삶을 사시며、天賦의 使命에 그 생명을 다 바치신 四溟大師의 장엄한 功徳이、반드시 바다를 건넌、이 이웃에게도 전해 질 것이라고 믿어 의심치 않습니다.

저희들 凡夫가 품고 있는 기쁨이란 잠시 동안의 情에 지나지 않을지도 모르지만、大慈心을 사시던 大師의 志願은、内外・國境・人種을 초월해、天地自然까지도 움직이는、부처님의 大道를 향한 강렬한 発条였던 것입니다.

이러한 大師의 真情은、衆生이 難局에 直面했을 때、반드시 되살아 나는 如来의 真実이기도 하려니와、如来 真俗二諦의 大悲大智이기도 하다고 감히 말씀드릴 수 있습니다.

오늘、이 더할 나위없는 機縁을 가져오신、内外의 諸仏善知識 여러분께、甚深한 謝意를 가지고 「南無阿弥陀仏」의 정성을 표합니다.

二〇一一年八月二十六日
正行寺春日山雅楽御堂
四溟大師大影像前にて
初法要を勤修し奉る
正行寺住職　竹原智明

筑紫楽所　正行寺雅楽部を母体とする雅楽演奏団体。福岡県春日市に専用の雅楽御堂を有し、「三宝供養の楽」を根本精神において活動を続ける。宮内庁楽部に師事し、外国での公演も度々に及ぶ。

以上의 趣旨를 가지고、本書를 発行했습니다.

귀한 마음을 한가지로 표해주신 인연어린 여러분들、특히 한일 불교 교류에 진심을 다했던 故・釜田恒明 法師와 함께、그 유지를 계승하고 실천해 온 李 在溢 氏에게 감사드리며、이에 더하여 이 인연에 마음을 같이 하는 분이 한 분이라도 더해지기를 기원하면서、삼가 이 책을 바칩니다.

合掌

二〇一一年 八月 二十六日
正行寺 春日山 雅楽御堂
四溟大師 大影像 앞에서
첫 法要를 勤修하며 올립니다
正行寺住職　竹原智明

筑紫楽所　正行寺 雅楽部를 母体로 하는 雅楽 演奏団体. 福岡県 春日市에 専用의 雅楽御堂을 가지고、「三宝 供養의 楽」을 根本精神으로活動을 계속하고 있습. 宮内庁 楽部를 師事해、外國에서의 公演도 종종 개최하고 있습.

四溟堂松雲大師旧跡訪問調査

韓国僧による日本国内の四溟堂松雲大師の旧跡訪問調査の様子。

冊子『平和の架橋　四溟大師』

表忠寺で二〇一〇年に発刊された、四溟堂松雲大師の行実資料集。

四溟大師涅槃四百周年法要

表忠寺

二〇一〇年十月、韓国表忠寺において営まれた、四溟堂松雲大師没後四百周年の法要の様子。

金剛宝塔

正行寺　春日山雅楽御堂

韓国通度寺より伝授の石鐘形宝塔。石鐘内部に通度寺より招来の仏舎利が収められている。

四溟堂松雲大師大影像

正行寺　春日山雅楽御堂

韓国表忠寺より寄進の四溟堂松雲大師真影の複製。

金剛宝塔仏舎利奉安法要

正行寺　春日山雅楽御堂

二〇一一年二月十日、正行寺の建立記念日に営まれた、金剛宝塔仏舎利奉安法要の様子。

正行寺　春日山雅楽御堂

正行寺　金剛宝塔

四溟堂松雲大師年譜

○仲尾 宏・曺永禄編著『朝鮮義僧将・松雲大師と徳川家康』の年譜に準拠して作成。
○㊐は日本の主要な出来事。

西紀（李王朝年代）	和暦	干支	大師年齢	事項
一五四四（中宗三九）	天文一三	甲辰	一	出生（韓国慶尚南道密陽市武安面）。俗称は任氏（本貫は豊川）、母は達城徐氏。本名は應奎、字は離幻。
一五五〇（明宗　五）	天文一九	庚戌	七	祖父に『史略』を学ぶ。
一五五六（明宗一一）	弘治　二	丙辰	一三	黄汝献より『孟子』を学ぶが、儒教経典より内面的な心の解決を求める。
一五六〇（明宗一五）	永禄　三	庚申	一七	直指寺の信黙和尚の許で出家。㊐桶狭間の合戦。
一五六一（明宗一六）	永禄　四	辛酉	一八	奉恩寺で僧科に及第。以後、儒学者、名僧と交わり、多くの詩文を残す。
一五七〇（宣祖　三）	元亀　元	庚午	二七	大儒李退渓没す（七〇歳）。㊐石山合戦始まる。

一五七五（宣祖　八）	天正　三	乙亥	三二	直指寺住持の時に、奉恩寺の住持に推挙されたが、それを辞退し、妙香山の西山大師（清虚）座下に参じ、約三年の修行により正法を大悟。
一五七八（宣祖一一）	天正　六	戊寅	三五	国内の諸山大刹を歴訪し、江原道金剛山に入る。
一五八六（宣祖一九）	天正一四	丙戌	四三	沃川の尚東庵に於て、一夜の雨に庭花尽く落つるを見て無常を悟る（尚東庵頓悟）。
一五八九（宣祖二二）	天正一七	己丑	四六	五台山月精寺にて、寺刹の修復の途中、鄭汝立逆獄事件に係わり、師西山大師とともに江陵府に拘禁されたが、友人士林の上訴により、宣祖国王が無罪と判定、釈放され、再び金剛山表訓寺に入り修行。
一五九二（宣祖二五）	文禄　元	壬辰	四九	壬辰倭乱始まる。 六月、楡帖寺に侵入した日本軍に仏法を説いて退け、加藤清正の軍勢を説諭して江原道の嶺東九郡を護る（それらの場所、寺院名には諸説あり）。 西山大師の檄文に接し、義僧兵を募り、師に代わって都総摂義僧職となり、転戦す。

一五九三（宣祖二六）	文禄 二	癸巳	五〇	平壌戦の攻防に勝利し、朝廷より禅教宗判事堂上官職を贈らる。都元帥権慄将軍に従い戦果を挙げ、ひたすら救国愛民の道を貫く。
一五九四（宣祖二七）	文禄 三	甲午	五一	西生浦の加藤清正の陣営に赴き、敵情を探索、講和条件を問いただして本営に報告。会談は三度に及び、宣祖国王にその内容を三回にわたり上奏して、和戦の長短を提案した（三度目は清正応接せず、喜八〈美濃部金大夫〉・日真上人らが交渉）。
一五九五（宣祖二八）	文禄 四	乙未	五二	漢城に戻り、南漢山城に駐屯。各山城を修復。
一五九七（宣祖三〇）	慶長 二	丁酉	五四	丁酉再乱。加藤清正は四溟堂松雲大師との会談を求め、朝鮮の服属を要求。大師はこれを拒否。蔚山、順天の戦闘に参加し戦功をあげて、萬善同知中枢府事に任ぜられた。
一五九八（宣祖三一）	慶長 三	戊戌	五五	豊臣秀吉の死により、日本軍撤退。
一六〇〇（宣祖三三）	慶長 五	庚子	五七	僧兵を都元帥の麾下に入れる。㊐関ヶ原の合戦。

一六〇三（宣祖三六）	慶長　八	癸卯	六〇	金剛山に入り、のち五台山に入る。㊐徳川家康、征夷大将軍となり、江戸に幕府を開く。
一六〇四（宣祖三七）	慶長　九	甲辰	六一	西山大師、妙香山にて入寂（八十五歳）。 「探賊使」の目的をもって、また対馬開諭のため、八月に対馬に至る。 徳川家康と会談するため本土に渡り、十二月に京都本法寺に到着す。
一六〇五（宣祖三八）	慶長一〇	乙巳	六二	京都本法寺、興聖寺などで、日本の僧侶と詩文交換の日々を過ごす。 三月、伏見城にて徳川家康と会見。本多正信、西笑承兌、景轍玄蘇らと、日本側の国交回復の意志を確認。 京都より対馬経由にて帰国。朝鮮の被虜人刷還を強く要求し、帰国前後に合せて、約千四百名の送還が実現した。
一六〇六（宣祖三九）	慶長一一	丙午	六三	西山大師の葬儀を行う。 宮廷の修築を終えた功により、正二品刑曹判書兼義禁府使の職を授与さる。
一六〇七（宣祖四〇）	慶長一二	丁未	六四	健康悪化し、雉岳山に入る。㊐五月、朝鮮より第一回の「回答兼刷還使」が、江戸に到着。日朝国交回復が実現。

一六〇八（宣祖四一）	慶長一三	戊申	六五	宣祖国王の崩御を拝哭して、海印寺に入る。
一六〇九（光海君一）	慶長一四	己酉	六六	西方辺境守備の命が下るが、病のため赴けず。
一六一〇（光海君二）	慶長一五	庚戌	六七	八月二十六日、海印寺弘済庵にて入寂。 十一月二十日荼毘に付され、弘済庵に塔（浮屠）が立つ。 諡して「慈通弘済尊者」。

韓国内に現存する四溟堂松雲大師の真影

（制作時期順）

韓国各地に所蔵されている四溟堂松雲大師の真影。なお、右下の真影は、米国ボストン美術館の所蔵であるが、現存する真影の中で最古のものであるため、例外的に掲載する。

参考：『四溟堂松雲大師真影目録』（金美京［韓国文化財庁文化財鑑定委員］、二〇一二年）

1 桐華寺（大邱）
1699-1707年

2 東国大（ソウル）
18世紀前半

3 鳳停寺（安東）
1768年

4 表忠寺（密陽）
1773年

5 龍湫寺（咸陽）
1781年

6 大谷寺（義城）
1782年

ボストン美術館（アメリカ）
17世紀

13 孤雲寺（義城）
18世紀後半-19世紀初頭

10 廣興寺（安東）
18世紀初

7 銀海寺（永川）
1782年頃

14 鴨谷寺（尙州）
18世紀後半-19世紀初頭

11 寶鏡寺（浦項）
18世紀前半

8 月精寺（平昌）
1788年 推定

15 水淨寺（義城）
18世紀後半-19世紀初頭

12 梵魚寺（釜山）
18世紀後半

9 通度寺（梁山）
1799年

16　甲寺（公州）
19世紀

17　雙磎寺（河東）
19世紀

18　仏巖寺（南楊州）
1907年

19　麻谷寺（公州）
20世紀

20　直指寺（金泉）
現代

21　南長寺（尚州）
現代

22　大興寺（海南）
現代

23　灌燭寺（論山）
現代

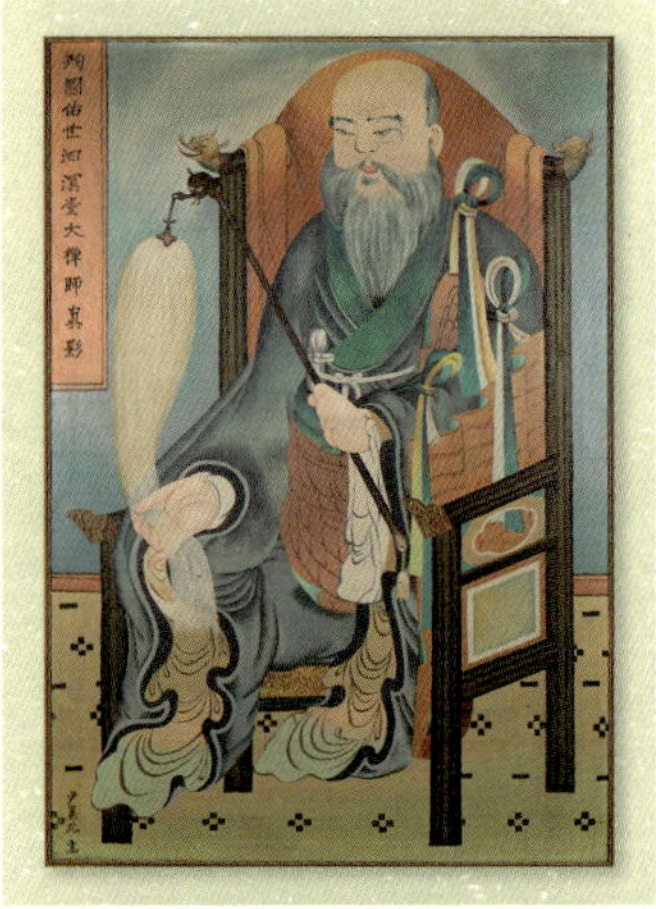

24　大典寺（青松）
現代

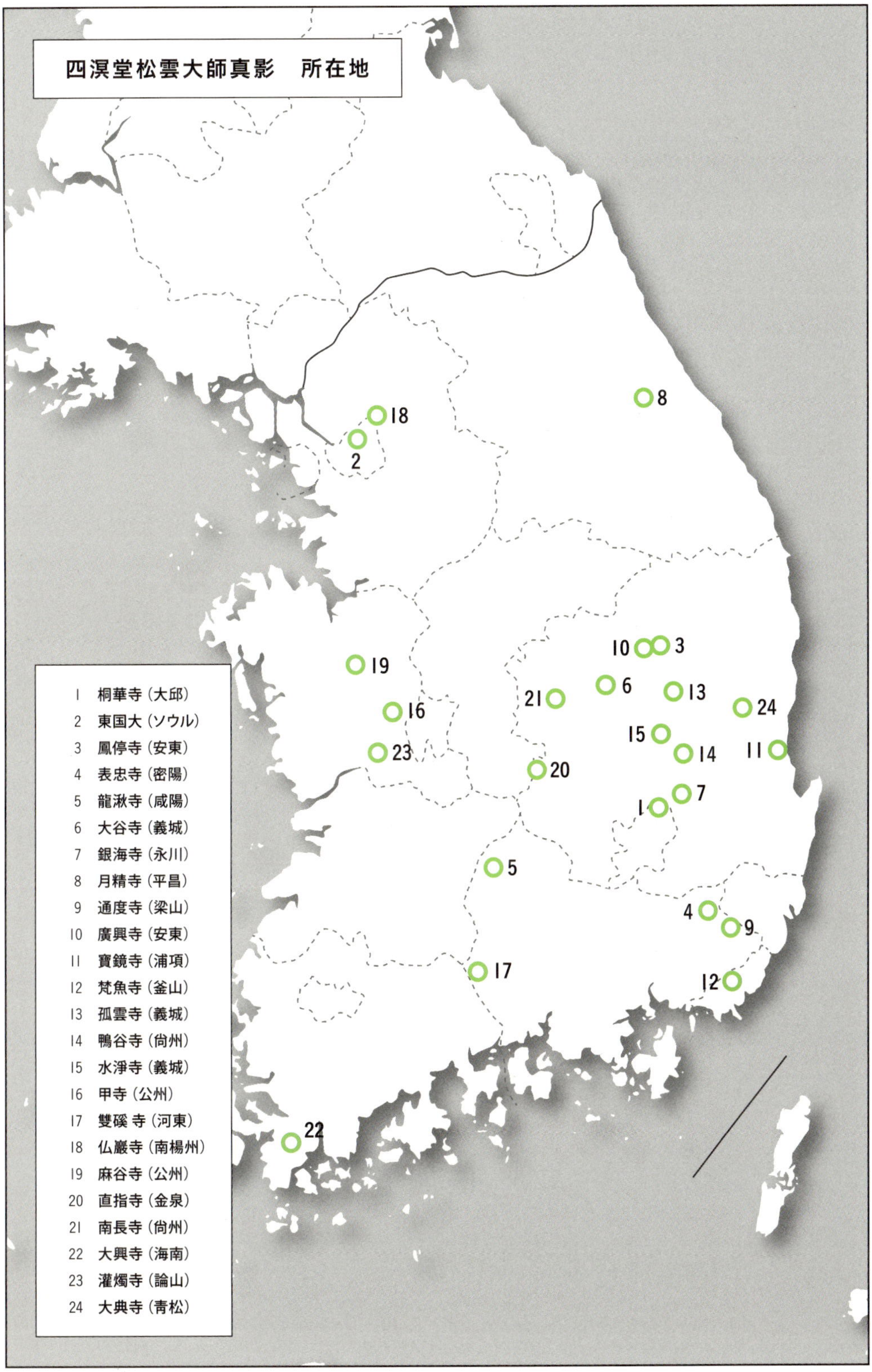
四溟堂松雲大師真影　所在地
1　桐華寺（大邱）
2　東国大（ソウル）
3　鳳停寺（安東）
4　表忠寺（密陽）
5　龍湫寺（咸陽）
6　大谷寺（義城）
7　銀海寺（永川）
8　月精寺（平昌）
9　通度寺（梁山）
10　廣興寺（安東）
11　寶鏡寺（浦項）
12　梵魚寺（釜山）
13　孤雲寺（義城）
14　鴨谷寺（尙州）
15　水淨寺（義城）
16　甲寺（公州）
17　雙磎 寺（河東）
18　仏巖寺（南楊州）
19　麻谷寺（公州）
20　直指寺（金泉）
21　南長寺（尙州）
22　大興寺（海南）
23　灌燭寺（論山）
24　大典寺（青松）

釜山港

二〇一〇年十月十日、四溟堂松雲大師四百周年法要が韓国・密陽《ミリャン》表忠寺で勤修された。爾来、正行寺春日山雅楽御堂では、毎年終戦記念日の八月十五日から松雲大師の祥月命日である八月二十六日まで、大師の大遺影を掲げ、その遺徳を顕彰している。

正行寺春日山雅楽御堂
福岡県春日市平田台四－六〇
電話〇九二－五九六－八五八五

松雲大師顕彰会

四《し》溟《めい》堂《どう》松《しょう》雲《うん》大《たい》師《し》

平成二十四年十月十二日　第一刷発行
編者　松雲大師顕彰会（会長・竹原智明）
発行　正行寺
〒八一八－〇〇七二 福岡県筑紫野市二日市中央四－七－一
電話　〇九二－九二二－二二二四（代表）
www.shogyoji.or.jp
発売　海鳥社
〒八一〇－〇〇七二 福岡市中央区長浜三－一－一六
電話　〇九二－七七一－〇一三二
写真　佐藤暢隆
装丁　case　米持洋介　門馬賢史
印刷　株式会社ケーコム
ISBN978-4-87415-858-6